ROMANTISCHE TRAUMZIELE

50 Paradiese auf Erden

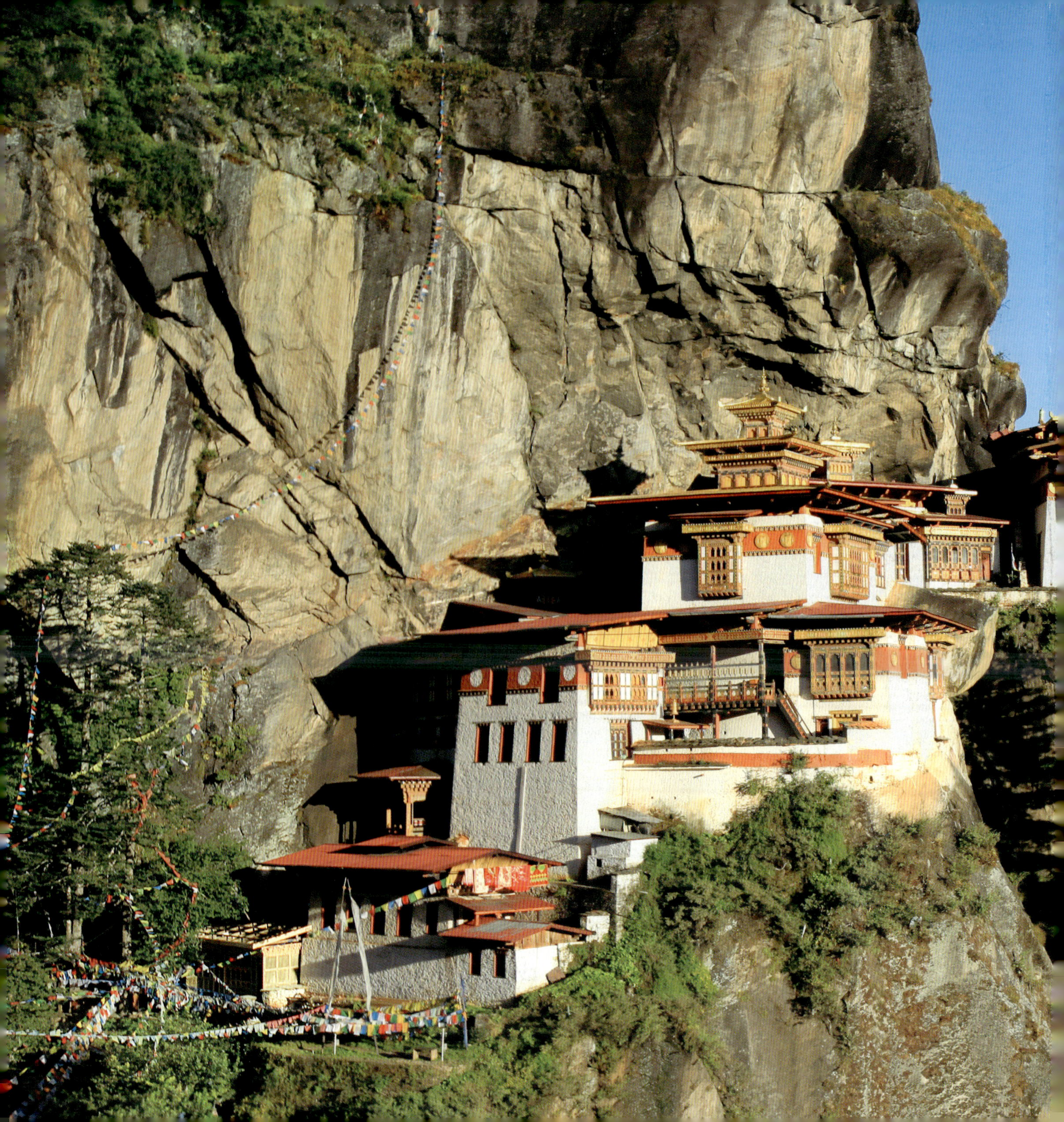

ROMANTISCHE TRAUMZIELE

50 Paradiese auf Erden

Abbie Kozolchyk

Strandhotels
· STÄDTETRIPS ·
Genussreisen
· SAFARIS ·

NATIONAL GEOGRAPHIC

INHALT

Seite 1: Tauchen Sie ein – in die spektakuläre Aussicht und in den Pool auf der privaten Dachterrasse des Hotels The Gritti Palace in Venedig. *Doppelseite 2/3*: Das berühmte Tigernest-Kloster in Bhutan duckt sich an eine Felswand. *Gegenüber:* Im winterlich verschneiten Schweden stehen die Chancen gut, Polarlichter tanzen zu sehen.

VORWORT

GEMEINSAME AUSZEIT

VON ANNIE FITZSIMMONS, REISEEXPERTIN UND AUTORIN BEI NATIONAL GEOGRAPHIC

Romantische Gesten, die gezwungen wirken, habe ich noch nie gemocht. Aber das berauschende Gefühl des Reisens, das dem einer neuen Romanze erstaunlich nahe kommt, verschafft mir weiche Knie. * Ich liebte das Reisen, bevor ich mich das erste Mal verliebte. Ich bin süchtig nach den Emotionen, die das Reisen schenkt – nach dem fantastischen Gefühl unendlicher Möglichkeiten, das sich einstellt, wenn man irgendwo mit dem Flugzeug landet und der Pass seinen nächsten Stempel erhält. Seitdem habe ich alle erdenklichen Phasen des Reisens durchlebt: Vernarrtheit, Wut, Leidenschaft, Liebeskummer und schließlich die gut eingespielte Partnerschaft, die man wie ein Glas edlen Wein genießt. Wenn man die Welt mit Leidenschaft bereist, bekommt jedes Ziel eine neue und tiefere Bedeutung.

Wer als Paar Reisen unternimmt, erkundet fremde Gefilde gemeinsam und kann noch Jahre später nostalgische Gefühle miteinander teilen – Erinnerungen an Orte, an denen man sich aufhielt, an Menschen, die man traf, an Musik, zu der man tanzte, und an Straßen, durch die man spazierte.

Dieser traumhaft schöne Bildband beflügelt die Fantasie und feiert die Romantik. Er ist in vier Kapitel untergliedert, die die Planung erleichtern, sodass Sie zur richtigen Zeit am richtigen Ort sein können. Bummeln Sie im Frühling über die Boulevards von Paris, bestaunen Sie im Sommer die donnernden Victoria-Fälle, schnuppern Sie im Herbst die würzig-süße Luft des Central Park in New York oder erleben Sie seidig-warme Nächte in der Karibik.

Glückliche Beziehungen prägt ein Gleichgewicht zwischen Sicherheit und Risiko – und was gibt es Schöneres, als gemeinsam die Welt zu bereisen. Ich hoffe, dieses Buch weckt auch in Ihnen romantische Reisegelüste.

Links: Tapas in der Quinta do Martelo auf den Azoren in Portugal.
Gegenüber: Südsee-Paradies in Reinform – die 9 Inseln Samoas zählen zu den romantischsten tropischen Inseln der Welt.

EINLEITUNG

FEIERN SIE IHRE LIEBE!

Romantik ist eine Frage des Erlebens: ein von Kerzen erleuchteter Tisch in einem Pariser Restaurant, Luxuscamping in der Wüste oder Faulenzen im weißen Sand eines Palmenstrandes. Echte Romantiker finden überall, was sie suchen – Hauptsache, der geliebte Partner ist an ihrer Seite. Unser Buch ist all den reiselustigen Paaren gewidmet – und den vielen anderen, die es werden wollen. * Wir verraten Ihnen die attraktivsten Ziele unter den romantischsten Orten der Welt!

Sie sind verlobt, Hochzeitsreisende oder ein Paar auf der Suche nach einem Hochzeitsort? Sie wollen ausreißen, Ihr Eheversprechen erneuern, Ihren Hochzeitstag feiern, sind »Babymooners«, »Empty-Nesters« oder begehen ein Jubiläum?

Damit die Mischung stimmt, haben wir an Feinschmecker, Adrenalinjunkies, Kunstfreunde, Musikfans, Weinliebhaber, Wanderer, Schnorchler, Taucher, Kajakfahrer, Naturfreunde, Dichter, Träumer und Fantasy-Literaturfans gedacht. Wollen Sie Ihrer Angebeteten einen Antrag machen? Wie wäre es mit einem passenden Schmuckstück aus der Werkstatt jenes Goldschmieds, der den mythischen Ring für Peter Jacksons Verfilmung von *Der Herr der Ringe* entwarf (Südinsel, Neuseeland, Seiten 200–203)? Träumen Sie von einem Schokoladenmekka mit mittelalterlichem Zauber und Glockentürmen, die sich in Kanälen voller Schwäne spiegeln? Brügge in Belgien (Seiten 56–57) erfüllt all diese Wünsche! Oder schwebt Ihnen eine Kathedrale aus Regenbögen vor, die in der Luft schimmern, wenn mehr als 12 500 Liter Wasser mit einer Geschwindigkeit von rund 110 Metern pro Sekunde in eine Schlucht stürzen (Victoria-Fälle, Seiten 86–89)?

Welche Art von Romantik Ihnen auch vorschwebt, in diesem Buch werden Sie fündig. Egal, ob eine neue Romanze Sie beflügelt, Ihre Beziehung grunderneuert oder eine alte Liebe wieder auferweckt werden soll: Lassen Sie sich von diesem Buch inspirieren und malen Sie sich aus, welch großartige Abenteuer auf Sie warten. Kuscheln Sie mit Ihrem Partner und suchen Sie gemeinsam nach Reisezielen. Leben Sie die Gegensätze ruhig aus, die sich dabei zwischen Ihnen auftun: Karibik oder Kaua'i, Südpazifik oder Südostasien, Bhutan oder Bolivien – schöner kann man sich als Liebespaar eigentlich nicht streiten.

Sobald Ihr Traumziel feststeht, beginnt die gemeinsame Reiseplanung. Denn wer den Taj Mahal bei Vollmond sehen möchte, muss sich rechtzeitig die Eintrittskarten sichern. Den elektrisierenden Samba während des Karnevals in Rio erlebt man nur dann live, wenn nicht schon alle Zimmer ausgebucht sind. Vorfreude ist die schönste Freude: Auch wenn die Koffer erst in einigen Monaten gepackt werden – die prickelnde Vorfreude produziert jede Menge Glückshormone.

Lassen Sie sich entführen und brechen Sie mit diesem Buch zu traumhaft schönen Reisen auf!

Gegenüber: Auf dem Altstädter Ring in Prag bummelt man romantisch zwischen dem reich verzierten Altstädter Rathaus und der Teynkirche.

ALFONS MUCHA
exhibition
SALVADOR DALI
exhibition

Der Sonnenuntergang über den Cinque Terre in Italien lässt die bunten Häuser Manarolas erstrahlen.

FRÜHLING

FRANKREICH

PARIS

Versteckte Gärten, malerische Uferpromenaden und romantische Pilgerwege

Nicht umsonst nahmen Schlagersänger von Louis Armstrong bis Dean Martin so gerne *April in Paris* auf. Wer das romantische Flair der Stadt der Liebe erleben möchte, ist hier im Frühling bestens aufgehoben. Der Liedtext verspricht keineswegs zu viel: Kastanienblüte. Picknicks en masse. Singende Herzen. * Und so verführerisch diese kleinen Freuden schon im Lied wirken, umso reizvoller sind sie es in natura. Machen Sie einen Spaziergang oder eine Fahrradtour die Seine-Ufer entlang. Bummeln Sie durch das schicke Marais-Viertel mit seinen verwinkelten Gassen, bunten Gärten und noblen Boutiquen. Oder durch den Bois de Boulogne – früher ein königlicher Garten, heute ein öffentlicher Park mit Château, See und Ruderbooten.

Romantischer Höhepunkt ist jedoch vermutlich auch für Sie Montmartre. Das an einem Hügel gelegene Viertel besitzt sowohl eine spirituelle Pilgerstätte (Sacré-Cœur, wo schon der Blick über die Stadt einem religiösen Erlebnis gleichkommt) als auch eine profane: An der »Mur des je t'aime« (Wand der Ich-liebe-Dichs) ist das wohl wichtigste Bekenntnis der Welt in 250 Sprachen verewigt. An dieser zauberhaften Kachelfront tut sich ein ganzes Universum der Romantik auf.

Oben links: Die Brücken von Paris sind das perfekte Ambiente für einen leidenschaftlichen Kuss. *Oben Mitte:* Blumenstände reihen sich im Marché des Enfants Rouges, dem ältesten überdachten Markt in Paris. *Oben rechts:* Genießen Sie ein Frühstück im Bett in der »Presidential Suite« des Hotels Le Royal Monceau in Paris.

Genießen Sie den Sonnenuntergang über der Seine mit ihren schönen Brücken und dem atemberaubenden Eiffelturm im Hintergrund.

REISEPLANUNG

ÜBERNACHTEN • Im Le Royal Monceau, wo die ersten Eindrücke – ein von Laternen flankiertes rotes Glasdach über dem Eingang und ein raumhohes Blumenarrangement in der Lobby – keinesfalls zu viel versprechen. Leidenschaft füllt dieses Haus – bis zur Gitarre in Ihrem schalldichten Zimmer, auf der Sie klimpern können, wenn Sie plötzlich die Lust auf eine Serenade überkommt. Selbst die Patisserien des Hotels, die von Frankreichs »Pâtisserie-Picasso« Pierre Hermé überwacht werden, entfachen Begeisterung. Tatsächlich ist in diesem Genusstempel alles so kunstvoll gefertigt, dass man beim Verlassen des Hauses verdutzt feststellt, dass man nur wenige Schritte von den Champs-Élysées entfernt ist. *leroyalmonceau.com*

ESSEN • Das 1728 wurde nach dem Jahr benannt, in dem der Militärarchitekt von Ludwig XV. das Gebäude errichtete, das die letzte Residenz des Marquis de Lafayette werden sollte. Die sanft beleuchteten geschichtsträchtigen Salons, die schon zahllose Größen wie Bolívar oder Stendhal willkommen hießen, bezaubern mit einem großartigen Mix aus historischen Kunstwerken und Möbeln und einer französisch-asiatischen Küche. Bis heute zählen wie eh und je Staatsoberhäupter und Künstler zu seinen Gästen. *restaurant-1728.com*

UNTERNEHMUNGEN • Schnappen Sie sich Räder aus dem Bestand des Royal Monceau (oder mieten Sie welche an einem Vélib'-Standort) und fahren Sie an der Seine entlang vom Eiffelturm bis Notre Dame. Oder am schattigen Canal Saint-Martin, dessen berühmte Drehbrücken und Hausboote nachts besonders romantisch aussehen. Sie radeln lieber unter ortskundiger Führung? Dann wenden Sie sich an Fat Tire Tours Paris. *fattiretours.com*

WESTEUROPA

DIE MOSEL

Ein Fluss, drei Länder und ein Füllhorn guter Weine

Einen herrlichen Blick auf das Moseltal hat man von den vielen Weinbergen der Region aus.

Schon das Römische Imperium wusste, dass man eine einsame Garnison bei Laune halten kann, wenn für guten einheimischen *vino* gesorgt wird. So entstanden vor rund 2000 Jahren die römischen Weingärten an den dunstigen, schwindelerregenden Ufern des Flusses, der in jedem Land, durch das er sich schlängelt, einen anderen Namen trägt: Mosel (Deutschland), Musel (Luxemburg) und Moselle (Frankreich). * Seit den längst vergangenen Zeiten des Römischen Reiches wird hier fast ununterbrochen Wein angebaut – sei es von Mönchen im Mittelalter oder Riesling-Produzenten im 21. Jahrhundert –, und konsequenterweise sind Weinverkostungen ein traditionelles Muss für Besucher.

In den letzten Jahren hat sich jedoch insbesondere im Frühjahr ein weiteres Vergnügen hinzugesellt: Outdoor-Aktivitäten in herrlicher Landschaft. Man kann in Kanus oder Kajaks von Dorf zu Dorf und durch die wilderen Flussabschnitte paddeln oder 365 Kilometer auf dem Moselsteig erwandern. Der idyllische Weitwanderweg führt von einem touristischen Höhepunkt zum nächsten. Die kürzeste seiner 24 Etappen lässt sich leicht an einem Tag bewältigen.

Weinproben sind ein Muss an der Mosel, hier mit Blick über die Weinberge auf das Victor's Residenz-Hotel Schloss Berg.

Auf der elf Kilometer langen Etappe von Neef nach Ediger-Eller führt der atemberaubende Weg durch Europas steilsten Weinberg, den Calmont bei Bremm, und zu einem der schönsten Ausblicke des Kontinents: auf die smaragdgrüne Mosel, die sich in einer engen Schleife durch das Tal windet.

Auf der 13 Kilometer langen Etappe von Treis-Karden nach Moselkern kann man den weißen Moseldom (die frühere Stiftskirche St. Castor) und die mittelalterliche Burg Eltz bewundern. Dank ihrer versteckten Lage überstand sie alle Kriege, in denen viele andere Burgen der Umgebung zerstört wurden. Darüber hinaus ist sie seit 33 Generationen im Besitz der Gründerfamilie – auch kein schlechter Rekord.

Am Moselsteig liegt zudem die älteste Stadt Deutschlands: Trier. Die Stadt entstand aus einem alten römischen Garnisonsstandort und kann mit Zeugnissen aus seiner über 2000 Jahre langen Geschichte aufwarten, unter anderem mit antiken Thermen, dem mächtigen Stadttor Porta Nigra (Schwarze Pforte) und einem Amphitheater. Darüber hinaus erinnern zahlreiche Gedenkschilder an Karl Marx, der hier geboren wurde.

Und wenn Sie beim Wandern durch das Weinland durstig geworden sind, lässt sich schnell Abhilfe schaffen: Auf Radtouren von Weingut zu Weingut und mehrtägigen Flusskreuzfahrten warten bei jedem Stopp neue Verkostungen auf Sie.

Riesling wie flüssiges Gold wird an der Mosel ausgeschenkt.

Die traumhafteste Option ist jedoch vielleicht eine Ballonfahrt über die Mosel in Luxemburg, die mit einem Glas Crémant, für den die Region berühmt ist, begossen wird.

REISEPLANUNG

ÜBERNACHTEN • Im Weinromantikhotel Richtershof ist der Name Programm. Für den Fall, dass Sie noch immer leise Zweifel hegen: Das elegante Hotel steht nahe der Mosel auf dem Gelände eines Mülheimer Weinguts aus dem 17. Jahrhundert und ist auf Wein und Romantik spezialisiert – bis hin zum Champagnerfrühstücksbüffet, das im Ihrem Aufenthalt inbegriffen ist. Als seltenen Luxus bietet das Römische Spa vor Ort ein zweistündiges privates abendliches Verwöhnprogramm für Zwei an, inklusive Behandlungen bei Kerzenlicht, Champagner, Canapés und Desserts. *weinromantikhotel.com*

ESSEN • Domaine La Forêt wartet mit drei Gasträumen und Blick in ein Tal bei Remich auf, eine Perle an der Luxemburgischen Mosel. Hier genießt man preisgekrönte Spezialitäten, wie gebratenen Seeteufel mit Tomaten und Pistou (ähnlich Pesto), und kann aus 450 Weinen wählen. *foret.lu*

UNTERNEHMUNGEN • Die herrlichen Gärten der Region sind fast so zahlreich wie ihre Weine. Hier gibt es römische Gärten (zum Beispiel die gallorömischen Grabgärten), Schlossgärten (besuchen Sie den Jardin des Prairiales im Château de La Grange), und selbstverständlich romantische Gärten (der Jardin des Faïenciers ist ein Traum). Und im Frühling blüht es natürlich überall. Der lokale Tourenanbieter SlowMosel organisiert maßgeschneiderte Touren für jeden Geschmack. *slowmosel.de*

MAROKKO

MARRAKESCH

Verwinkelte Gassen, duftende Tajine, bunte Basare und blühende Gärten

Wenn wir, wie Ray Bradbury behauptete, wegen der Romantik, der Architektur und aus dem Wunsch heraus reisen, uns zu verirren, dann ist Marrakesch ein Volltreffer. Die legendäre »Rote Stadt« besteht aus Mauern aus Lehm und Sandstein, die abends erstrahlen, als wären sie mit der untergehenden Sonne verkabelt. Im Herzen der Anlage liegt die *Medina*, die Altstadt, die sich im Lauf eines Jahrtausends zu einem riesigen Labyrinth ausgewachsen hat, das geradezu danach schreit, gemeinsam erkundet zu werden.

Zwischen den kaleidoskopischen, miteinander verbundenen Höfen, staubigen, gewundenen Märkten und dampferfüllten privaten Hamams kann man sich in der Tat gehörig verirren. Tatsächlich ist in Marrakesch die romantische Architektur fast immer an Orientierungslosigkeit gebunden, am wunderbarsten kombiniert jedoch wohl im Palast El Bahia (der »Schönen« oder »Strahlenden«), angeblich so benannt nach der Lieblingsfrau des Wesirs, der ihn im 19. Jahrhundert erbauen ließ. Das prächtige Gebäude wurde von den besten Handwerkern des Landes innerhalb von fast sechs Jahren errichtet. Nimmt man seine überwältigende Pracht als Maßstab, muss die Gattin des Bauherren schlicht umwerfend gewesen sein.

Oben links: Bunte Fliesen schmücken die Koranschule Medersa Ben Youssef und viele andere Gebäude in Marrakesch. *Oben Mitte:* Im La Maison Arabe Hotel lernt man Seeteufel-Tajine zuzubereiten. *Oben rechts:* Das Atlasgebirge bietet eine Bilderbuchkulisse. *Gegenüber:* Yves Saint Laurents Asche wurde im Jardin Majorelle verstreut.

Die Schriftstellerin Edith Wharton gehörte zu den Ersten, die den Palast als Touristenziel empfahlen. Geübt in der Beschreibung romantischer Szenerien, schwärmte sie in *In Morocco* (dem ersten englischsprachigen Reiseführer über das Land) von feinen Stuckmustern, Keramikmosaiken und vergoldetem Zedernholz. Begeistert lobte sie zudem die »mit Arkaden versehenen, mit Kacheln und Stuck verkleideten Gemächer, in denen man in diffusem Licht vor plätschernden Brunnen orientalischen Klängen lauschen kann«.

Eine andere Attraktion ist der Freiluftmarkt Djemaa el-Fna zu Füßen des Minaretts der berühmten Koutoubia-Moschee. Abends bieten hier Schlangenbeschwörer, Wahrsager, Straßenmusiker und Händler die beste Show der Stadt. Spazieren Sie händchenhaltend mitten hinein in das Spektakel, das schon seit Jahrhunderten Reisende in seinen Bann zieht.

Andere schöne Orte, um sich zu verirren, sind die Gassen des Souk, in denen filigranes Kunsthandwerk, bestickte Tuniken, spitze Lederschlappen, juwelenglitzerndes Teegeschirr, zu Kegeln aufgeschichtete Gewürze und Orangenblütenöl angeboten werden. Kleiner Tipp am Rande: Wenn Sie eine Flasche dieser Spezialität in einer der Apotheken des Souk kaufen, gibt es manchmal eine Nackenmassage gleich mit dazu.

Eine Pause von dem Gedränge gefällig? Fahren Sie mit einer *calèche* (Pferdekutsche) in die Neustadt mit ihren schönen Bauten aus der französischen Kolonialära. Dort kehren Sie im Grand Café de la Poste, das an den Film *Casa-blanca* erinnert, zu einem Café au Lait oder Aperitif ein. Danach erleben Sie im Jardin Majorelle, in dem einst Yves Saint Laurent und dessen Lebensgefährte Pierre Bergé lebten, eine marokkanische Fantasie: knallblaue Gebäude, von Palmen beschattete Seerosenteiche und schattige Laubengänge. Ganz besonders romantisch ist die versteckte Galerie mit YSL-Neujahrskarten-Designs aus 46 Jahren – die Botschaft auf der Vorderseite blieb stets dieselbe: Love.

Die untergehende Sonne lässt die Stände auf dem Markt Djemaa el-Fna (gelistet als UNESCO-Welterbestätte) in bunten Farben erstrahlen.

Gegenüber: Im ruhigen Spa des Royal Mansour Hotels fällt es leicht, sich zu entspannen. *Oben:* Windlichter weisen den Weg zum Hoteleingang.

REISEPLANUNG

ÜBERNACHTEN • Im Royal Mansour haben Sie Ihren eigenen prächtigen Riad (ein traditionelles Haus mit gefliestem Hof und Brunnen) inklusive Pool und Sonnendeck auf dem Dach – ein faszinierendes Domizil, um den Rufen der Muezzins von den umliegenden Minaretten zuzuhören. Beeindruckend sind auch die Gemeinschaftsräume – insbesondere die Lobby mit einem riesigen Pool. *royalmansour.com*

ESSEN • Der weitläufige *Riad* La Maison Arabe beherbergt drei Restaurants. Das Les Trois Saveurs bezaubert mit einer Terrasse auf einen von Laternen beleuchteten Garten und Pool. Hier schmecken marokkanische, französische und asiatische Gerichte atemberaubend gut (zum Beispiel: Hähnchen-Tajine mit sonnengetrockneten Pfirsichen und Arganöl). Und weil die Besitzer von begeisterten Gästen so oft um die Rezepte gebeten wurden, bieten sie jetzt auch traditionelle marokkanische Kochkurse an. *lamaisonarabe.com*

UNTERNEHMUNGEN • Das Atlasgebirge ist die mit Schnee gepuderte Kulisse der Stadt und ein wunderbares Ausflugsziel. Erfrischungen und eine gigantische Aussicht bietet das Hôtel Kasbah. *kasbahtamadot.com*

COSTA RICA

HALBINSEL OSA

Einsame Strände, idyllische Wasserfälle und urwüchsige Regenwälder

Die Strände im Nationalpark Corcovado an Costa Ricas Westküste sind atemberaubend.

Einer der wichtigsten Begriffe bei einer Reise nach Costa Rica ist *pura vida*, was wörtlich übersetzt so viel wie »pures Leben« bedeutet. Und in der Tat spürt man die Schönheit des Lebens besonders intensiv in diesem traumhaften Paradies auf Erden. *Pura vida* ist offizielles Staatsmotto, Gruß, Trinkspruch, verbaler High Five und Redensart in einem. * Benutzen Sie die beiden Worte getrost als Antwort auf die Frage, wie es Ihnen geht in dieser herrlichen Region, wo der tropische Regenwald auf die Pazifikküste trifft: der Halbinsel Osa. Dort, umgeben von hellroten Aras, Blauen Morphofaltern, Jadewein und hellblauem Meer, merkt man sofort, dass es auf »*¿Cómo está*« kaum eine passendere Antwort gibt.

In dieser Idylle lohnt es sich, bei Sonnenaufgang aufzustehen, denn hier wird man vom Gezwitscher unzähliger Vogelarten geweckt: Braunrückentukane, Schwarzohrpapageien, Kapuzenwollrücken, Gelbwangenamazonen, türkisblaue Kotinga – es leben etwa 375 Vogelarten auf der Halbinsel. Und wer die Morgendämmerung verschlafen hat, kann bei Sonnenuntergang ein weiteres Vogelspektakel beobachten. Tagsüber kann man die herrliche Landschaft erkunden, nach

Eine Wanderung durch Costa Ricas Regenwälder ist ein Erlebnis, insbesondere das Bad in einem der herrlichen Wasserfälle.

einer Wanderung an den Wasserfällen im rauschenden Fluss baden, nachdem man sich beim Canyoning neben tosenden Wassern unter sachkundiger Führung abgeseilt hat.

Wer es gemütlicher mag, kann vor der Halbinsel am Golfo Dulce bei Ebbe einen Strandspaziergang unternehmen und die zahlreichen Seesterne bestaunen, die es hier in atemberaubender Vielzahl gibt. Um den anderen berühmten Bewohnern des Meeres (darunter Rochen und Haie) näher zu kommen, muss man ins Wasser springen. Das klare und etwa 29 °C warme Nass eignet sich wunderbar zum Schnorcheln und ortskundige Guides bringen Sie auf Booten zu den besten Revieren, wo Sie mit etwas Glück sogar Delfine beobachten können (siehe UNTERNEHMUNGEN).

Und nicht nur die Unterwasserwelt Costa Ricas bringt einen ins Staunen, denn die hiesigen Wälder gelten als Geburtsort des »Zip-Lining«, ein fantastisches Outdoor-Vergnügen, bei dem man an Seilrutschen kilometerweit über unberührten Regenwald rauscht, wie beispielsweise am Miramar Canopy.

Zurück am Boden können Sie allerorts auf gut organisierten Wandertouren im Regenwald Affen- und Faultierarten beobachten oder im Himmelbett zusammengekuschelt den Lauten des Urwalds lauschen. Quakende Frösche, zirpende Zikaden und rauschende Wellen kreieren im Land des *pura vida* eine der romantischsten Geräuschkulissen der Welt.

Von Ihrem Bungalow in der Lapa Rios Eco Lodge aus genießen Sie den Blick auf tropische Baumwipfel.

REISEPLANUNG

ÜBERNACHTEN • Die Lapa Rios Eco Lodge gehört zu den von National Geographic als Unique Lodges gelisteten Unterkünften und verwöhnt ihre Gäste in Bungalows in einem privaten Regenwald-Reservat. Hier gibt es Fliegengitter und Holzbalken statt Wänden, Ventilatoren und eine frische Meeresbrise statt Klimaanlage. Die Romantik lässt sich noch steigern durch ein Mittagessen für Zwei an einem Wasserfall, eine Paarmassage in einer Hütte mit Blick auf Regenwald und Pazifik oder einen Ausritt am Strand. *laparios.com*

ESSEN • Das Restaurant Grano de Oro in Costa Ricas Hauptstadt San José (in die Sie höchstwahrscheinlich bei der An- oder Abreise kommen) besuchen die Einheimischen zu besonderen Anlässen, denn die tropische viktorianische Villa wartet mit herrlichem Ambiente und köstlichen Spezialitäten (beispielsweise Crème brûlée mit einheimischer Bio-Vanille) sowie einer der besten Weinkarten des Landes auf.

UNTERNEHMUNGEN • Gleiten Sie neben Delfinen über die Wellen dahin und unternehmen Sie spektakuläre Schnorchelausflüge. Changing Tide Tours nimmt Sie mit an Bord. *changingtidetours.com*

USA / SOUTH CAROLINA

CHARLESTON

Kirchturmspitzen, Magnolienduft und Spitzenküche

»Charlestons sinnlicher subtropischer Anziehungskraft kann man sich nie ganz entziehen«, schwärmte einst der Schriftsteller Pat Conroy. Und schon beim ersten Blick auf die von Palmen gesäumten Straßen und Häuser aus dem 18. Jahrhundert wissen Sie genau, was er meint. Vor allem im Frühling, wenn der Duft von Glyzinien, Jasmin, Kamelien und Magnolien in der Luft liegt. * Beeindruckend sind aber auch die anmutigen Kirchtürme.

Sie prägen die Skyline der Südstaatenstadt und haben ihr den Spitznamen »Holy City« eingebracht. Hier gibt es eine bunte Palette schicker Restaurants, Galerien und Boutiquen in malerischen historischen Gebäuden. Eine Magnolienplantage aus dem 17. Jahrhundert liegt nur 30 Minuten außerhalb der Stadt und zählt heute zu den ältesten öffentlichen Parks der USA. Mit schwimmenden Inseln, sich sonnenden Alligatoren und leuchtenden Azaleen ist Magnolia Plantation and Gardens ein geschichtsträchtiges Symbol der Gegend. Zurück in der Stadt lockt eine Verkostung lokaler Spezialitäten: knusprige *Benne Wafers* (Sesamkekse), glasierte Pekannüsse und Pralinen auf dem City Market oder ein paar frische Austern im Seafood-Restaurant The Ordinary. Wenn Sie den Abend dann mit einem saftigem Kokosnusskuchen im Planters Inn ausklingen lassen, ist das Südstaaten-Feeling perfekt.

Oben links: Farbenprächtige historische Häuser säumen die Straßen von Charleston. *Oben Mitte:* Abendstimmung an der Pineapple Fountain im Waterfront Park. *Oben rechts:* Auf dem City Market werden handgeflochtene Körbe aus heimischem Mariengras verkauft.

Die Abenddämmerung taucht die historischen Häuser und hervorragenden Restaurants im Französischen Viertel in ein zauberhaftes Licht.

REISEPLANUNG

ÜBERNACHTEN • Das Planters Inn liegt mitten im historischen Zentrum Charlestons. Das ehemalige Warenhaus aus dem 19. Jahrhundert wurde in ein modernes Hotel umgebaut und verfügt über einen romantisch von Laternen beleuchteten Innenhof mit Säulenarkaden sowie eine Möblierung aus der Baker Historic Charleston Collection (durch die Produktreihe wird die Erhaltung der architektonischen Substanz mitfinanziert). *plantersinn.com*

ESSEN • Das The Watch: Rooftop Kitchen & Spirits im Boutique-Hotel The Restoration lockt mit einer fantastischen Aussicht. Bei Sonnenuntergang ist das Panorama allein schon einen Besuch wert, dazu gibt es regionale Spezialitäten in köstlichen innovativen Variationen – beispielsweise *Hush Puppies* (Maisbällchen) mit Pimento Käse und Pfeffergelee sowie raffinierte Cocktails. *therestorationhotel.com*

UNTERNEHMUNGEN • Einen herrlichen Blick (bei Tag und Nacht) hat man auch bei einer Hafenrundfahrt. *schoonerpride.com*

JAPAN

KYŌTO

Märchenhafte Kirschblütenfeste, Tempelanlagen und Teezeremonien

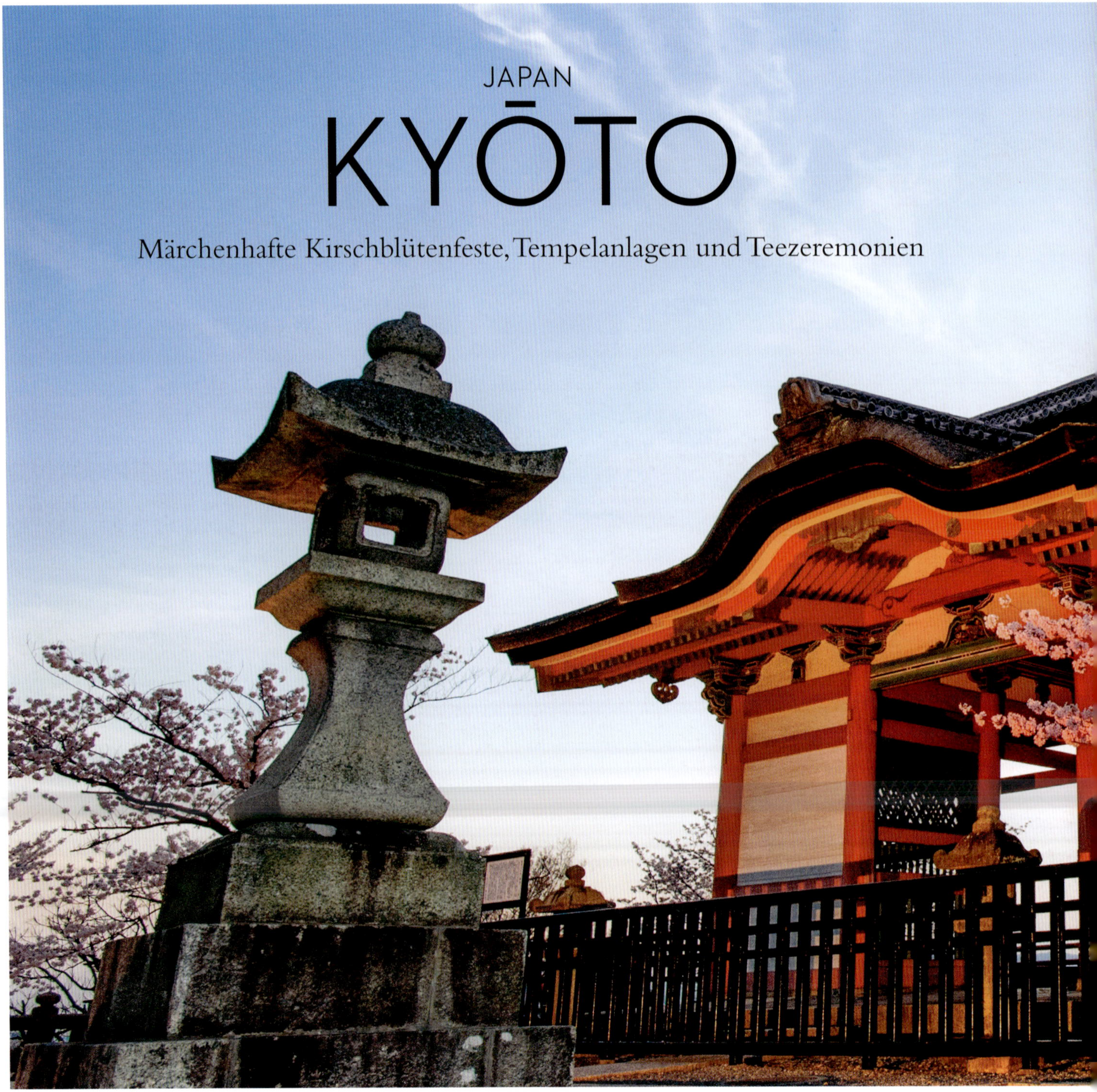

In voller Blüte stehende Kirschbäume schmücken den Eingang zum Kiyomizu-dera-Tempel.

Eine Reise in diese magische Stadt ist zu jeder Jahreszeit ein Erlebnis, aber von Ende März bis Anfang April verströmt hier ein rosafarbenes Blütenmeer während der *sakura* (Kirschblüte) seinen Feenstaub, und dann ist es schier unmöglich, dem Zauber Kyōtos nicht zu erliegen. * Die Blüten sind überall: auf Kanälen und Fußwegen, vor Schreinen und Tempeln, in Parks und Höfen, und so geraten Sie bei einem Stadtbummel unvermeidlich in einen Farbwirbel mit Schattierungen von hellrosa bis leuchtend fuchsiafarben. * Bestaunen Sie die Blütenpracht an Kyōtos traumhaften Plätzen, auf dem Philosophenweg, auf dem man zwischen jahrhundertealten Tempeln einen Kanal entlang unter Kirschbäumen vorbei an Straßencafés flaniert.

Studieren Sie die japanische Kultur im Stadtviertel Gion, berühmt für seine eleganten Geishas und altehrwürdigen Teehäuser. Abends können Sie die Szenerie im Laternenlicht genießen (siehe UNTERNEHMUNGEN), am Tag können Sie es den Einheimischen gleichtun und Ihre Picknickdecke unter Kirschbäumen ausbreiten oder sich in einem der improvisierten Restaurants im Maruyama-Park stärken. Die Kirschblütenfeste zur Feier des Frühlings sind in der japanischen Kultur so

Tausende orangerote *torii* markieren auf dem Weg zum Fushimi-Inari-Taisha-Schrein den Übergang vom Profanen zum Sakralen.

fest verankert, dass sie sogar eine eigene Bezeichnung besitzen: *hanami*.

Spazieren Sie durch den grandiosen grünen Korridor des Bambushains Arashiyama und machen Sie dann eine Fahrt mit dem Sagano Romantic Train durch die mit Kirschbäumen bestandene Hozugawa-Schlucht. Unternehmen Sie eine traditionelle *Yakatabune*-Bootsfahrt auf dem von Kirschbäumen gesäumten Fluss Hozu, bestaunen Sie den legendären, mit Blattgold verkleideten Kinkaku-ji-Tempel oder schlendern Sie durch die weitläufigen Gartenanlagen des Heian-jingū-Schreins. Oder entdecken Sie auf einer zweistündigen Hügelrundwanderung die berühmten 10000 heiligen *torii* des Shintō-Schreins Fushimi Inari-Taisha.

Abends können Sie auf Kneipentour gehen oder sich ein modernes Dinner in einem Lokal in der quirligen, malerisch an einem Kanal gelegenen Straße Kiyamachi Dori schmecken lassen, die von zahlreichen Bars und Restaurants gesäumt wird.

Sobald die Kirschbäume für zwei bis drei Wochen im Frühling in Blüte stehen, löst die Zeit der Kirschblüte einen wahren Touristenboom aus. Wenn also Ihre Entscheidung für Kyōto gefallen ist, sollten Sie schnell handeln und auf Webseiten wie *japan-guide.com* die aktuellen *sakura*-Termine in Erfahrung bringen, denn dieses Spektakel sollten Sie sich auf gar keinen Fall entgehen lassen.

Die Zeit der Kirschblüte wird in Kyōto an jeder Ecke gefeiert.

REISEPLANUNG

ÜBERNACHTEN • Das Luxushotel Suiran war einst eine kaiserliche Villa und dann eine Residenz der Familie Kawasaki. Rund um den beeindruckenden Speisesaal aus der Kawasaki-Ära des 19. Jahrhunderts befinden sich romantische Suiten mit Garten, in dem man in einem Becken voll heißem Quellwasser im Freien baden kann. Von der Hotelterrasse aus können Sie die zahllosen Kirschbäume bewundern, ein idealer Ort für eine Teezeremonie für Zwei bei Kerzenlicht. *suirankyoto.com/en*

ESSEN • Das Restaurant Hyotei auf dem Gelände des Nanzen-ji-Tempels kombiniert Sterneküche mit einem traumhaften Gartenblick. Das im 17. Jahrhundert gegründete Restaurant serviert regionale Spezialitäten wie mit Salz gegrillten Ayu (Fisch), und die wohl weltbesten weichen Eier nach einem Geheimrezept, das über 14 Generationen von Koch zu Koch weitergegeben wurde. *hyotei.co.jp/en*

UNTERNEHMUNGEN • Buchen Sie eine nächtliche Privattour durch das Stadtviertel Gion, der Heimat von Kyōtos namhaftesten Geishas. Der zweistündige Spaziergang führt vorbei an den Wohnhäusern, Schulen und *ochaya* (Teehäusern) dieser berühmten japanischen Unterhaltungskünstlerinnen. Unterwegs sehen Sie vielleicht eine Geisha in Ausbildung (in Kyōto *maiko* genannt) oder einen Star der Zunft in herrlichen Kimonos auf hohen Holzsandalen zum nächsten Termin trippeln. *waraido.com*

ITALIEN

LIGURIEN

Malerische Küsten, einsame Klöster und Pfade der Liebe

Das ehemals verschlafene Fischerdörfchen Portofino ist ein Musterbeispiel italienischer Romantik, wurde es doch durch eine Ballade weltberühmt: *Love in Portofino*, erstmals veröffentlicht von Fred Buscaglione im Jahr 1958, zählte bald zum Repertoire unzähliger Sänger (von Dalida bis Andrea Bocelli), und lockte Jetsetter und Hollywood-Größen an die italienische Riviera. Zu den illustren Fans zählten Elizabeth Taylor, Humphrey Bogart, Lauren Bacall, Eddie Fisher und Rex Harrison (dessen Oscar bei einer legendären Fete in der Bucht von Portofino verblieben sein soll). * Heute trifft man hier auf Megastars wie Rihanna, Beyoncé, Jennifer Lopez, Chris Martin und Steven Spielberg.

Obwohl jedes Jahr zahlreiche Prominente in dem kleinen Dorf auftauchen, hat es sich seinen Charme bewahrt. Von den bunten Häusern am Hafen aus hat man eine herrliche Aussicht auf die Kirche San Giorgio bis zu dem hochgelegenen Hotel Belmond Hotel Splendido in einem ehemaligen Benediktinerkloster (siehe ÜBERNACHTEN).

Oben links: Frisches Basilikum ist die Hauptzutat für das köstliche Pesto dieser italienischen Region. *Oben Mitte:* Überall finden sich malerische Ausblicke auf das Meer und Hafenmotive zum Fotografieren. *Oben rechts:* Bunte Boote liegen im Hafen von Vernazza im Nationalpark Cinque Terre. *Gegenüber:* Bunte Häuser und Restaurants reihen sich am Hafen von Portofino aneinander.

Der Hafen mit seinen gemütlichen Trattorien und schaukelnden Booten allein ist schon perfekt, um hier einen wunderbaren Nachmittag zu verträumen. Es locken aber auch großartige Wanderwege, wie beispielsweise der zur Abtei von San Fruttuoso di Capodimonte. Der Klosterkomplex liegt nur gut drei Kilometer entfernt, aber Sie sollten Extrazeit für den Weg über die Felsküste einplanen und von dort den Blick auf das glitzernde Meer genießen.

Wunderschön ist auch der halbstündige Spaziergang von der Kirche San Giorgio zu Portofinos Leuchtturm. Dort streift Ihr Blick über den Golf von Rapallo und die Cinque Terre (Fünf Ortschaften), einem Küstenstreifen an der italienischen Riviera, in dem es fünf malerische Dörfer zu erkunden gilt: Das an einem Hang gelegene Monterosso al Mare, dessen Geschichte bis in 7. Jahrhundert zurückreicht, Riomaggiore, das etwa 100 Jahre später entstand, Vernazza, sowie Corniglia und Manarola aus dem Mittelalter.

Zwischen den fünf Ortschaften verkehren Boote und ein Zug, aber die persönlichsten Einblicke gewinnt man hier doch auf Schusters Rappen. Noch heute sind die Dörfer für Autos gesperrt und das regionale Wegenetz wird im Sommer von zahllosen Wanderern bevölkert. Im Frühjahr jedoch können Sie hier ungestört erste sonnige Tage genießen und Hand in Hand romantische Wanderwege wie die Via dell' Amore (Pfad der Liebe) entlang spazieren. Unterwegs entdecken Sie Bebauungen, die sich Lawinen gleich von Bergkuppen in Schluchten hinabziehen, steile Wege, die vom Strand zu hochgelegenen Weingärten führen, und malerische Meeresbuchten, die in der Sonne glitzern. Die Schönheit dieser Landschaft können Sie in zahllosen Lokalen bei einem *L'Aperitivo* im Schatten eines Sonnenschirms Revue passieren lassen. Besonders beeindruckend ist die Aussicht vom Ristorante Bar La Torre aus, hoch über Vernazza. Es gibt kaum einen besseren Ort, um auf Ihre Liebe anzustoßen – und auf die italienische Riviera.

Die »Executive Junior Suite« im Belmond Hotel Splendido bietet eine herrliche Aussicht bis zum Meer.

Gegenüber: Die Abtei von San Fruttuoso di Capodimonte ist malerisch im Grünen gelegen. *Oben:* Genießen Sie Drinks und Snacks beim Sonnenuntergang.

REISEPLANUNG

ÜBERNACHTEN • Das Belmond Hotel Splendido in den Hügeln von Portofino befindet sich in einem ehemaligen Benediktinerkloster. Hier bietet die »Dolce Vita Suite« einen Panoramablick über die Bucht von Portofino und verwöhnt die Gäste mit Marmorbad und Privatgarten. Falls Sie einen Spaziergang zur Abtei gemacht haben, können Sie abends mit dem Hotelboot zurückfahren und am Strand ein Dinner für Zwei genießen. *belmond.com/hotel-splendido-portofino*

ESSEN • In der Taverna del Marinaio an Portofinos Uferfront ist das hausgemachte Pesto so gut, dass es sogar Gäste aus den Nachbarorten anlockt (was einiges heißen mag in einer Region, die für ihr Pesto berühmt ist). *tavernadelmarinaio.com*

UNTERNEHMUNGEN • Besuchen Sie Porto Venere (die Weltkulturerbestätte und sogenannte Sechste Terra) mit seinen hohen schmalen Häusern aus dem 11. Jahrhundert und genießen Sie maritime Romantik, die bereits bereits Shelley oder Lord Byron zum Leben, Schreiben und, ähem, zur freien Liebe inspiriert hat. Paddeln Sie im Kajak durch den Golf von La Spezia zur Grotta di Byron. *wildtrips.net*

HAWAII

KAUA'I

Üppige Vegetation, naturbelassene Strände und grüne Gipfel

Mächtige Felswände säumen das Honopū-Valley und seinen Strand an der Nā-Pali-Küste.

Kaua'i ist eine von einer üppigen Vegetation bedeckte tropische Ferieninsel, die Millionen von Fernsehzuschauern aus der US-Serie *Fantasy Island* kennen. Die smaragdgrünen Klippen der berühmten Nā-Pali-Küste aus dem Vorspann der kultigen TV-Serie sind in natura aber selbstverständlich noch großartiger, auch wenn man bei der Ankunft nicht von dem mysteriösen Millionär Mr. Roarke begrüßt wird. * Im Leben wie im Film ist Nā Pali der perfekte Ausgangspunkt für eine erste Erkundung der Insel. Auf knapp 30 Kilometern führt der schmale Wanderweg Kalalau Trail vorbei an atemberaubenden Klippen.

Die rund 18 Kilometer lange Route, die zwei Strände miteinander verbindet, verlangt einem als Tagestour einiges ab, man kann aber auch nur einzelne Abschnitte begehen oder unterwegs campen (oder sich seine Kräfte aufsparen und die Küste per Boot oder Flugzeug erkunden).

Eine weitere Attraktion sind der Wailua-Wasserfall und sein von dichter Vegetation umgebenes Becken. Schon von der Straße aus gewahrt man die Wasserkaskaden am Südende des Flusses Wailua. Der gut 30 Kilometer lange Fluss eignet sich perfekt für eine traumhafte Bootsfahrt inklusive Besichtigung der »Fern Grotto«, einer mit hängendem Farn bewachsenen Höhle aus Lavagestein, die einen Auftritt in dem Elvis-Presley-Streifen *Blue Hawaii* hatte. Ebenso das ehemals glamouröse, heute verlassene Coco Palms Resort. Die

Die Insel Kaua'i ist ein Eldorado für Outdoor-Abenteuer wie Stand-up-Paddling in der Hanalei Bay.

weitläufige Anlage erstreckt sich in einer besonders üppigen Ecke Kaua'is, in der einst tatsächlich Könige residierten, und diente als Kulisse für die Hochzeitsszenen in dem Elvis-Film. Der *Hawaiian Wedding Song*, eine Serenade, mit der Elvis seine Filmpartnerin auf dem Weg zur Kapelle anschmachtete, inspirierte Tausende von Paaren zum Ja-Wort, denn nach dem Film boomte das Hochzeitsgeschäft in dem Resort.

Buchen Sie eine Tour durch üppige Kokospalmenhaine und Retro-Gästezimmer und legen Sie am King's Cottage auf Nr. 56 einen Halt ein.

Selbstverständlich besitzt jede ordentliche Trauminsel auch geheime Ecken. Wie um dies zu beweisen, gibt es auf Kaua'i keinen Wegweiser zum Kauapea Beach, der auch »Secret Beach« oder einfach nur »Secret« genannt wird. Am Ende eines steilen Weges zwischen Kalihiwai Bay und Kilauea Point öffnet sich dieser riesige Strand, auf dem man bisweilen wirklich ungestört ist. Und falls nicht, machen Sie sich auf Nacktbadende gefasst.

Doch auch dichter besiedelte Gebiete auf Kaua'i haben ein fantastisches Flair. Der Waimea Canyon, auch »Grand Canyon des Pazifiks« genannt, ist beispielsweise ein echter Touristenmagnet. Jedoch macht die schier überirdische Schönheit der Schlucht, an deren zinnoberroten Wänden Wasserfälle hinabrauschen, schnell alles andere vergessen, und auch in der Hanalei Bay stört nichts den Charme der Stadt und die Magie der Berge. Egal, wohin Sie auf der Insel kommen – Sie werden in diesem grünen Paradies Ihre ganz persönliche Folge von *Fantasy Island* erleben.

Dinieren Sie unter Palmen im The St. Regis Princeville Resort.

REISEPLANUNG

ÜBERNACHTEN • Im St. Regis Princeville Resort mit dem riesigen Infinity-Pool hat man Blick auf die Hanalei Bay. Diese Aussicht bieten auch viele Zimmer im Tropical Chic, und mit dazu das optimale Plätzchen für ein Glas Champagner bei Sonnenuntergang. Unschlagbar romantisch ist ein privates Dinner für Zwei im Freien beim Schein von Kerzen und hawaiianischen Fackeln, mit passenden Weinen und individuellen Vier-Gänge-Menüs. Buchen Sie auch das luxuriöse Couples Nanu Ali'i Lavender Ritual, das mit einem Lavendel-Honig-Peeling beginnt und mit einer Ganzkörpermassage endet. *stregisprinceville.com*

ESSEN • Im Beach House ist der Blick an den Tischen im Freien immer perfekt (man ist praktisch im Wasser am Poipu Beach). Die Sonnenuntergänge sind genauso himmlisch wie die frische einheimische Küche. Ein ständiger Favorit: sautierter frischer hawaiianischer Fisch mit Macadamiabutter. *the-beach-house.com*

UNTERNEHMUNGEN • Der Botanische Garten Limahuli Garden and Preserve vor der fantastischen Kulisse des Makana Mountains und des Pazifiks ist einen Besuch wert und gut zu Fuß zu erreichen. Wenn Sie einen weiteren Ausflug unternehmen möchten, schnappen Sie sich Räder bei Coconut Coasters Kauai Beach Bike Rentals in Kapaa Town. Dann gönnen Sie sich noch daneben in der Coconut Cup Juice Bar einen frisch zubereiteten Smoothie, bevor es auf dem Küstenradweg mit göttlicher Aussicht nach Norden weitergeht. *coconutcoasters.com*

ENGLAND

LONDON

Shakespeare, Pubs und Royal Gardens

London besitzt Plattenstudios, in denen Beatles-Hits wie *Love Me Do* aufgenommen wurden, Theater, in denen Shakespeare-Klassiker wie *Romeo und Julia* uraufgeführt wurden, und ist damit der Geburtsort einiger weltberühmter Oden an die Liebe. Im Frühling lassen Narzissen, Rhododendren und Azaleen die königlichen Gärten erstrahlen, Ausflügler bevölkern in nostalgischen Holzbooten (*punts*) die Themse, und jedes Denkmal umgibt ein zauberhafterSchimmer. * Feiern Sie Ihre Ankunft mit einer Weinverkostung im London Eye.

Von hier aus schweift Ihr Blick über die Skyline, über Houses of Parliament, Big Ben, Buckingham Palace, Westminster Abbey und vieles mehr. Danach genießen Sie im nahen Restaurant Skylon eine ebenso fantastische Aussicht auf Stadt und Themse und dazu eine köstliche moderne britische Küche. Zurück auf dem Boden, spazieren Sie im Hyde Park den romantischen »Lovers' Walk« entlang oder durch einen der anderen Königlichen Gärten. Anschließend kuscheln Sie in Shakespeares Globe Theatre unter freiem Himmel und lassen den Abend mit einem leckeren Martini in Ian Flemings geliebter Dukes Bar ausklingen (dem Geburtsort des James-Bond-Mottos »geschüttelt, nicht gerührt«).

Oben links: Schlendern Sie Hand in Hand durch den Green Park, einem königlichen Garten in der City of Westminster.
Oben Mitte: Martinis in der Dukes Bar inspirierten Ian Fleming, Autor von James Bond.
Oben rechts: Zum Schlafzimmer in einer Suite im Langham Hotel gehören ein geräumiges Ankleidezimmer und ein begehbarer Kleiderschrank.

Genießen Sie bei Wein oder Champagner die Aussicht aus der Vogelperspektive im London Eye, dem höchsten Riesenrad Europas.

REISEPLANUNG

ÜBERNACHTEN • Im The Langham, London, Europas ältestem Grandhotel und legendärem Geburtsort des *Afternoon Tea*, lassen sich im Palmenhof seit viktorianischer Zeit einheimische und internationale Besucher mit Tee und Leckereien verwöhnen – machen Sie es ebenso, oder entspannen Sie in romantischer Zweisamkeit im japanischen Bad des phänomenalen Chuan Spa des Hotels. *langhamhotels.com*

ESSEN • Im Kitty Fisher's speist man gemütlich bei Kerzenschein. Das Kellerlokal wurde nach einer Kurtisane aus dem 18. Jahrhundert benannt, die posthum sogar David Cameron und seine Frau Samantha zu einem Date verführte. Die ständig wechselnde Karte wartet mit Köstlichkeiten wie aufgeschlagenem Dorschrogen mit Brot und Fenchelbutter oder Ente mit Rhabarber, Schwarzkohl und Kerbel auf. *kittyfishers.com*

UNTERNEHMUNGEN • Noch höher hinaus als im London Eye gelangen Sie im gut 240 Meter hoch gelegenen The View from the Shard. Lassen Sie sich im Obergeschoss von Westeuropas höchstem Gebäude in der »Silent Disco« mit Kopfhörern von drei verschiedenen DJs mit Tracks beschallen. Solange Sie sich auf die gleiche Musik einigen können, steht einem romantischen Tänzchen nichts im Wege. *the-shard.com*

SÜDAFRIKA

PROVINZ WESTKAP

Wein, Wildtiere und wundervolle Landschaften

Als der Seefahrer Sir Franics Drake im 16. Jahrhundert das Kap der Guten Hoffnung erreichte, pries er es als das »Schönste, was wir im ganzen Erdkreis sahen.« * Seitdem hat die Provinz Westkap sogar noch dazugewonnen, denn als sich die Niederländische Ostindien-Kompanie dort niederließ, pflanzte sie die Weinstöcke, die die Grundlage für Südafrikas berühmteste Weinregion bilden sollten: die Cape Winelands. Aus dem Hauptsitz der Kompanie erwuchs eine der schönsten Städte der Welt: Kapstadt.

Einen herrlichen Ausblick über die Kap-Halbinsel hat man vom Tafelberg. Fahren Sie mit der Seilbahn auf sein 1087 Meter hohes mächtiges Felsplateau und genießen Sie den Blick auf die benachbarten Gipfel, die Tafelbucht und das Stadtzentrum. Der Tafelberg ist Mittelpunkt des gleichnamigen Nationalparks, der zahlreiche weitere Perlen zu bieten hat, wie die imposante Bergkette Twelve Apostles, die Kilometer um Kilometer in eleganten Bögen die Küste säumt. Eine nicht minder beeindruckende Attraktion sind die Kolonien der Brillenpinguine am Boulders Beach. Die malerischen Granitfelsen und schimmernden Strände wären aber auch ohne die niedlichen Frackträger einen Besuch wert.

Oben links: Vom höchsten Punkt des Tafelbergs, dem Maclear's Beacon, genießen Sie einen Blick über ganz Kapstadt. *Oben Mitte:* Reben gedeihen am Westkap fantastisch. *Oben rechts:* Über idyllische Wege durch die Dünen gelangt man zum kilometerlangen Sandstrand der Ortschaft Noordhoek bei Kapstadt. *Gegenüber:* In den Restaurants diniert man in herrlicher Umgebung im Freien.

Ein Erlebnis ist auch eine Wanderung am Südende der Kap-Halbinsel – besonders eindrucksvoll sind die Felsküsten am Kap der Guten Hoffnung und rund um Cape Point – beide bieten eine grandiose Kulisse aus windgepeitschten Klippen, donnernden Wellen und frechen Pavianen.

Gleich oberhalb des Kaps sind zudem die jahrhundertealten Weingärten als Sehenswürdigkeit ein Muss. Die Rebsorten der Region sind weltberühmt und die aus ihnen gekelterten Weine ein Hochgenuss für den Gaumen.

Wenn Sie früh in der Saison kommen, haben Sie gute Chancen, eines der Weinerntefeste mitzuerleben, die im März zahlreich am Westkap veranstaltet werden (denken Sie aber daran, dass dann auf der Südhalbkugel Herbst ist).

Die nur 20 Minuten von Kapstadt entfernt gelegene Route durch das Constantia Valley ist allerdings zu jeder Jahreszeit ein Erlebnis. Hier gibt es einige der ältesten Weingärten des Landes (und die wohl besten Sauvignon blancs). Allein rund um Stellenbosch gibt es über 100 Weingüter – unter anderen das Rust en Vrede, dessen 1993er Merlot Nelson Mandela für sein Nobelpreisbankett wählte. Mit der Wine Tram, die zahllose Möglichkeiten zum Aus- und Zusteigen bietet, können Sie hier entlang fünf idyllischer Routen herrliche »Wine Tours« mit Verkosten und Schmausen unternehmen. Vergessen Sie aber dabei nicht, der Stadt Stellenbosch selbst einen Besuch abzustatten, deren Kolonialarchitektur mit der Bergkulisse eine atemberaubende Verbindung eingeht. Ebenso sehenswert in dem Distrikt ist die Ortschaft Franschhoek (»Französische Ecke«), wo die hier ansässigen Weingüter entsprechende Namen tragen (wie beispielsweise Chamonix oder Grande Provence). Aber Vorsicht: Falls Sie zu schwanken beginnen, wie zwei Matrosen der Niederländischen Ostindien-Kompanie auf hoher See, lägen Sie historisch damit zwar goldrichtig, sollten aber vielleicht bald die Tram zurück ins Hotel nehmen.

Bei Sonnenuntergang ist der Blick vom Gipfel des Lion's Head auf die Twelve Apostles und die Camps Bay besonders eindrucksvoll.

Oben: In den komfortablen Sesseln des Luxushotels Leeu Estates bei Franschhoek schmecken die regionalen Weinspezialitäten noch mal so gut.
Gegenüber: Das Anwesen der Boschendal Manor & Winery bei Franschhoek verrät holländische Einflüsse.

REISEPLANUNG

ÜBERNACHTEN • Die Leeu Estates, eine luxuriöse Hotelanlage zwischen Dassenberg Mountain und Franschhoek River erstreckt sich über drei historische Weinberge, inklusive Herrenhaus aus dem 19. Jahrhundert. Hier erwarten Sie grandiose Bergblicke, beheizte Marmorbäder und, wenn Sie bei der Reservierung danach fragen, ein offener Kamin. *leeucollection.com*

ESSEN • Im Delaire Graff Restaurant in Stellenbosch sollten Sie den Sonnenuntergang über den Weingärten und Olivenhainen genießen und die Kunstsammlung des Guts besichtigen. Kunst in Vollendung kreiert hier aber auch die Küche, vom Rote-Bete-Gazpacho mit Gurkeneis bis zum Erdbeer-Käsekuchen-Eis mit Rosen-Joghurt-Meringe. *delaire.co.za*

UNTERNEHMUNGEN • Buchen Sie einen abendlichen Ausritt durch Weingärten und Wälder. Im März, teils auch im April, bietet Horse About Trails »Magical Moonlight Rides« durch die Vorberge der Witzenberg Range an. Ausritte bei Sonnenuntergang werden das ganze Jahr hindurch angeboten, wenn Sie möchten auch inklusive Picknick am Lagerfeuer. *horseabout.co.za*

Majestätische Landschaft im Buschland Australiens.

AUSTRALIEN

DAS ROTE HERZ

Endlose Weite, magisches Licht und heilige Felsen

Der Schöpfungsmythos der Aborigines (der meist mit dem Begriff »Traumzeit« übersetzt wird) beschreibt, wie vor Urzeiten Ahnenwesen einer raum- und zeitlosen Welt entsprangen und die beeindruckende Landschaft Australiens schufen. Die fast 550 000 Quadratkilometer große Wüste (das »Rote Herz«) Zentralaustraliens beeindruckt mit dem Inselberg Uluṟu, der, je nach Tageszeit, in immer leuchtenderen Farben erstrahlt. * Und auch nachts fühlt man sich hier an uralte Geheimnisse erinnert, wenn der Blick von majestätischen Bergmassiven wie dem Kata Tjuta hinaufwandert zu dem von funkelnden Sternen übersäten Firmament.

Sogar eine Großstadt wie Alice Springs wirkt klein wie Sternenstaub in einem Meer aus Farben, wenn man bei einer Ballonfahrt über diese gigantische Einöde schwebt, in der nur vereinzelt Sträucher und Kängurus für etwas Abwechslung sorgen – idealerweise mit einem geliebten Menschen an seiner Seite (nicht zuletzt, um sich gegenseitig bestätigen zu können, dass man nicht geträumt und es wirklich hüpfen gesehen hat).

Zurück am Boden wird die Begegnung dann deutlich wenigier surreal, wenn es zum Betüddeln von Känguru-Babys im Kangaroo Sanctuary – einer Aufzuchtstation für verwaiste Kängurujunge – geht. Chris »Brolga« Barnes, Star der Kult-

Der Uluṟu, auch bekannt als Ayers Rock, ist ein Inselberg in der zentralaustralischen Wüste und vermutlich stolze 600 Millionen Jahre alt.

doku *Kangaroo Dundee* betreibt das Tierwaisenhaus und lässt Sie mit anpacken. Jeder Besucher bekommt ein Tragetuch umgeschnallt, ähnlich dem Beutel des Muttertiers, und kann darin ein Känguru-Baby herumtragen. Aber seien Sie gewarnt: Sobald so ein »Joey« zu Ihnen aufblickt und Sie küsst (ja, küsst!), werden Sie eine Beuteltieradoption in Betracht ziehen.

Dass private Känguruhaltung verboten ist, ist allerdings auch von Vorteil, denn Sie müssen weniger tragen, wenn es nun weiter zum Kings Canyon geht, wo Sie die 500 Stufen des »Heart Attack Hill« zum Canyonrand hinaufsteigen. Oben erwartet Sie ein atemberaubender Ausblick auf die Wüste: 300 Meter hohe rote Sandsteinwände, surreal wirkende Felsformationen – und die wunderschöne Oase Garden of Eden, ein grünender und blühender natürlicher Palmengarten mit in der Sonne glitzerndem Gewässer.

Anschließend belegen Sie in der Kunstwerkstatt Maruku Arts am Town Square des Yulara/Ayers Rock Resort einen Workshop im Dot-Painting, um unter Anleitung von indigenen Künstlern die Geschichte Ihrer Liebe mithilfe traditioneller Symbole zu erzählen.

Dann geht es weiter zum Uluṟu, dem rund 350 Meter hohen und drei Kilometer langen Inselfelsen Ayers Rock aus uraltem Sandstein, dem Wahrzeichen Australiens. Je nach Blickwinkel und Tageszeit wechselt der Felskoloss fortwährend Form und Farbe, sodass man gern glauben möchte, die Ahnenwesen der Traumzeit wären heute noch am Werke.

Ein luxuriöse Unterkunft im nachhaltig bewirtschafteten Longitude 131°.

REISEPLANUNG

ÜBERNACHTEN • Longitude 131° gehört zu den von National Geographic als Unique Lodges gelisteten Unterkünften und vermietet luxuriöse Zeltbauten, die einen traumhaften Blick auf den Uluṟu bieten. Paare genießen die Aussicht und steigern die Romantik noch mit einem Sekt-Picknick auf einer Düne oder mit einer Übernachtung unter dem Sternenzelt. Auf Wunsch wird Ihnen auf Ihrem Daybed auf dem Balkon ein komfortabler Schlafsack ausgelegt, während zu Ihren Füßen ein Terrassenkamin flackert und wohlig zum Genießen und Kuscheln einlädt. *longitude131.com.au*

ESSEN • Das Tali Wiru bietet Vier-Gänge Menüs unter freiem Himmel im australischen Outback an, die mit Sekt, Canapés, Didgeridoo-Klängen und Blick auf den Uluṟu bei Sonnenuntergang eingeleitet werden. Danach folgt das Dinner (inklusive einem sagenhaft guten Gruyère-Soufflé) unter den Sternen mit passenden Weinen und mythologischen Geschichten der Aborigines. *au/experiences/detail/tali-wiru*

UNTERNEHMUNGEN • Wandern, Radfahren oder Helikopterflüge rund um den Uluṟu gehören bei vielen Australienbesuchern zum Standard. Erstaunlich wenige kennen jedoch die anderen heiligen Felsen der Region: Die Berggruppe Kata Tjuta mit ihren 36 »Köpfen« oder Kuppeln ist ebenso eindrucksvoll wie der Uluṟu, bietet aber ein vergleichsweise privates Erlebnis. Stille Abgeschiedenheit finden Sie beim Wandern auf dem Walpa Gorge Walk.

BELGIEN

BRÜGGE

Mittelalterliches Flair, Belgische Schokolade und ein See der Liebe

Am Minnewater, einem kleinen, rechteckigen See in Brügge, auf dem Schwäne schwimmen, fanden schon Stromberg und Minna (Brügges Romeo und Julia) die ewige Liebe. Ewig wird der Legende nach auch Ihre Liebe halten, wenn Sie sich auf der Minnewaterbrücke küssen. * Brügge ist aber nicht nur eine Stadt der Liebe, sondern auch der Schokolade. Seitem ansässige Händler im 17. Jahrhundert erstmals Kakao in die Finger bekamen, ist Brügge verrückt nach den mittelamerikanischen Bohnen. Pralinen mit kubanischem Tabakblatt oder Schokokugeln mit geräucherter Haselnuss sind nur Beispiele für die ausgefallenen Kreationen.

Die Köstlichkeiten werden in zahlreichen Schokoladentempeln der Stadt angeboten. Zu den bekanntesten zählen die vom Michelin Guide ausgezeichnete The Chocolate Line sowie die Chocolaterien von Dumon und Guillaume.

Als Ausgleich für das obligatorische Naschen können Sie die 366 Stufen der immer enger werdenden Wendeltreppe auf Brügges mittelalterlichen Belfried hinaufsteigen, der einst die Schatzkasse beherbergte. Oben erwarten Sie ein berühmtes Glockenspiel mit 47 Glocken aus dem 15. Jahrhundert und ein Panoramablick, der bis heute zu Liebesschwüren verführt: Hier haben sich schon viele Paare verlobt – vielleicht möchten ja auch Sie die Gelegenheit nutzen.

Oben links: Ein löwenkopfförmiger Türklopfer in Brügge *Oben Mitte:* In den Grachten gleiten Schwäne an Blumenschmuck vorbei. *Oben rechts:* In Brügge hat man in Sachen hausgemachte Schokolade die Qual der Wahl – und schnell ein Souvenir.

Bei einem Spaziergang den Kanal entlang mit Blick auf den Belfried-Turm können Sie bei Sonnenuntergang ein herrliches Farbenspiel beobachten.

REISEPLANUNG

ÜBERNACHTEN • Das Relais Bourgondisch Cruyce beherbergt seine Gäste in zwei benachbarten Giebelhäusern mit Fachwerk aus dem 15. Jahrhundert an einer der malerischsten Ecken der Stadt: dem Rozenhoedkaai. Den besten Blick haben Sie in den »Classic« und »Classic-Superior« Zimmern. Trotz historischer Architektur und zahlreicher Antiquitäten gibt sich das Hotel alles andere als altmodisch: Zur Kunstsammlung des Hauses gehören Originale von Matisse, Klimt und Botero. *relaisbourgondischcruyce.be*

ESSEN • Mitten im Museumsviertel und angenehm lauschig in einer ruhigen Kopfsteinpflastergasse liegt das Restaurant Den Gouden Harynck, das ein goldener Hering über der Türe ziert. Hinter der efeubewachsenen Fassade des Hauses aus dem 17. Jahrhundert befand sich ehemals ein gleichnamiges Fischgeschäft. Heute wird in einer gemütlichen Gaststube mit Blick auf den Garten regionale Sterneküche serviert. Die saisonale Karte lockte schon mit Spezialitäten wie Täubchen mit grünen Äpfeln, Rosmarin und Zwiebelschmelze oder speckummantelten Wildnüsschen mit Quittenpüree, Pilzen und Preiselbeeren. *goudenharynck.be*

UNTERNEHMUNGEN • Eine Grachtenfahrt ist nicht ohne Grund bei Touristen so beliebt: Die Fahrten dauern in der Regel rund 30 Minuten, und man entdeckt vom Wasser aus Kilometer um Kilometer spektakuläre mittelalterliche Architektur, die man zu Fuß nie zu Gesicht bekommen würde.

CHILE / BOLIVIEN

ATACAMA UND UYUNI

Surreale Salzwüsten, Flamingokolonien und funkelnde Sterne

»Meine Liebe, ich warte auf Dich. Ich warte auf Dich in der rauesten Wüste ... an jedem Ort, der Leben birgt, an dem der Frühling geboren wird, warte ich auf Dich, meine Liebe.« * Als Pablo Neruda seine berühmten Liebesgedichte in *Verse des Kapitäns* schrieb, erwähnte er die Wüste nicht nur metaphorisch. Der Chilene verbrachte viel Zeit in der Atacamawüste, einem der trockensten Gebiete der Erde. * Wenn Sie diesen unvergleichlich schönen Landstrich besuchen, werden Sie verstehen, warum er in Nerudas Gedichten auftaucht.

Eine fantastische, mondkraterähnliche Landschaft erwartet Sie im Valle de la Luna, wo Sie wandern, radfahren und reiten können. Im Valle de la Muerte (dem anderen Death Valley) erlebt man auf Wanderungen bei Sonnenuntergang ein Farbenspiel aus allen erdenklichen Schattierungen von Rostrot bis Rosa. Da gibt es die erstaunlich gut erhaltenen Ruinen von Tulor, einer mehrere Tausend Jahre alten Siedlung. Die indigene Steinfestung Pukará de Quitor aus dem 16. Jahrhundert, hoch über dem Tal des Río San Pedro gelegen, sowie das Geothermalgebiet El Tatio – das größte Geysirfeld der Südhalbkugel und, auf rund 4280 Metern gelegen, eines der höchsten der Welt.

Oben links: Ein Ausritt in die Atacama gehört zum Programm des Hotels Explora Atacama. *Oben Mitte:* Chileflamingos halten ein Schläfchen in einem hochgelegenen See. *Oben rechts:* Auf der Insel Incahuasi bei Uyuni wachsen übermannshohe Kakteen. *Gegenüber:* Dampf steigt aus den Geysiren des El Tatio in der Atacama auf.

Kommen Sie bei Sonnenaufgang, wenn es langsam wärmer wird und die gespensterhaften Dampfwolken im sich aufhellenden Himmel verschwinden, und betrachten Sie das Schauspiel beim Bad in einer der umliegenden heißen Quellen. Oder erquicken Sie sich in den von Büschelgras umsäumten heißen Quellen von Puritama.

Tatsächlich gibt es in dieser rauen Landschaft eine riesige, unglaubliche Bandbreite von Tieren – am auffälligsten sind die rosa Stars des Nationalreservats Los Flamencos. Neben den drei Flamingoarten leben in den Salztonebenen rund um die Salzseen Gänse, Möwen, Kondore, Adler, Lamas, Vicuñas … und viele mehr.

Nicht, dass hier nicht auch Menschen leben würden. In San Pedro de Atacama – einem Oasendorf aus der Kolonialzeit – erwarten Sie Andenmusik, Cafés, Bars und Restaurants (siehe ESSEN). Schon ein kurzer Bummel rund um die von Bäumen gesäumte Plaza de Armas beruhigt den von der Wildnis verwirrten Geist wie ein Digestif nach einem üppigen Festmahl. Beziehungsweise eher wie ein Gaumenputzer zwischen den Gängen eines Menüs, denn das Beste kommt zum Schluss: Vulkane, die Wanderer mit schier magischen Szenerien verwöhnen – unter anderem der Volcán Corona mit seinem Panoramablick über den Vulkanbogen der Anden, der Volcán Láscar mit seinem noch aktiven Krater und San Pedros Volcán Licancabur mit dem höchsten Salzsee der Welt, Inka-Ruinen und der Grenzübergang nach Bolivien, wo Sie sogar noch Spektakuläreres erwartet (siehe UNTERNEHMUNGEN).

An diesem Punkt der Reise haben Sie schon ausreichend Eindrücke gesammelt, um selbst Liebesgedichte zu verfassen. Und gegenüber Neruda haben Sie einen Vorteil: Sie müssen in der rauesten aller Wüsten nicht auf Ihren Partner warten. Glücklicherweise sind Sie zusammen dort.

In dem chilenischen Oasendorf San Pedro de Atacama ist die strahlend weiße Adobe-Kirche einen Besuch wert.

Gegenüber: Eine märchenhafte Szenerie eröffnet sich in der Salzpfanne Salar de Uyuni bei Sonnenaufgang in Bolivien.
Oben: Von den umliegenden Felsen reicht der Blick über das chilenische Valle de la Luna (Tal des Mondes).

REISEPLANUNG

ÜBERNACHTEN • Explora Atacama ist ein Haus der Hotelgruppe, die Südamerikas einsamste Landstriche in reizvolle Ziele für Verliebte verwandelt. Zu einer Tageswanderung beispielsweise gehört hier ein Gourmetpicknick samt edler Decke und Weinen. (Zur Wahl stehen zudem mehr als 40 weitere Angebote.) Bevor Sie sich abends in Ihr im Wüstenchic designtes Zimmer zurückziehen, holen Sie noch im hoteleigenen Observatorium die Sterne vom Himmel. *explora.com*

ESSEN • Das gemütliche Restaurant Ckunna befindet sich in einer über 100 Jahre alten ehemaligen Schule. Starten Sie durch zum Hinterhof, wo am Lagerfeuer im Freien international variierte Andenküche serviert wird. Besonders beliebt ist das *Pollo a la plancha* (traditionell gegrilltes Hähnchen mit Cognac-Sahne-Sauce). *ckunna.cl*

UNTERNEHMUNGEN • Machen Sie von San Pedro aus einen mehrtägigen Ausflug nach Bolivien zur über 10 000 Quadratkilometer großen Salar de Uyuni (Bild gegenüber), der größten Salzpfanne der Welt. Diese Traumlandschaft aus weißen Kristallen gleicht einer Fata Morgana – wie vieles andere entlang des Weges (ein leuchtend roter See, Wälder aus Riesenkakteen und die Galaxy-Höhle mit alten Grabstätten). Sie können die abenteuerliche Tour bei Privatführern oder Reiseveranstaltern buchen, am kuscheligsten ist jedoch der von Explora angebotene Glamping-Trip. *explora.com/hotels-and-travesias/uyuni-bolivia*

Von der Bungalow-Terrasse des Méridien Bora Bora blickt man auf das herrlich klare blaue Wasser Französisch-Polynesiens.

SOMMER

SCHOTTLAND

HIGHLANDS

Alte Burgen, märchenhafte Seen und geheimnisvolle Fabelwesen

Die 48 Meter hohe Felsnadel The Old Man of Storr ragt an der schottischen Küste auf der Isle of Skye am Sound of Raasay auf.

Schimmernde Lochs, in samtigen Nebel gehüllte Berge, zerklüftete Gipfel und einsame Strände verleihen den Highlands eine solch magische Aura, dass sie bereits in zahlreichen Fantasy-Blockbustern wie *Harry Potter* oder *Outlander* als Kulisse dienten. Und wie deren Helden begeben Sie sich hier auf eine Zeitreise, inspiriert von jahrhundertealten Burgen und geheimnisvollen Seen, in denen, der Legende nach, Seeungeheuer wie die berühmte »Nessie« leben. * Die Heimat von Schottlands berühmtesten Fabelwesen ist Loch Ness (stolze 37 Kilometer lang und bis zu 230 Meter tief) in Nähe der Stadt Inverness, die als Tor zu den Highlands gilt.

Einen besonders imposanten Blick auf Loch Ness haben Sie von der Burgruine des Urquhart Castle aus dem 13. Jahrhundert aus, direkt am Ufer des Sees. In Inverness können Sie sich einen Drink in der Bar des Achnagairn Estate genehmigen oder gar eine Übernachtung in der zauberhaften »Happily Ever After Suite« des Achnagairn Castle.

Tagsüber dampfen Sie mit dem The Jacobite (einem dampfbetriebenen Museumszug, der von Fort William nach Mallaig auf einem Teilabschnitt der West Highlands fährt) durch die Landschaft – unter anderem über den Glenfinnan-Viadukt mit seinen 21 Bögen, den auch der Hogwarts-Express im Film passiert. Die 135 Kilometer lange Strecke begeistert

Inverlochy Castle lockt mit üppigem Grün, geheimnisvollen Seen und einer herrlichen Aussichtsterrasse.

nicht nur Harry-Potter-Fans, denn sie führt vorbei an Orten, die fast noch magischer sind als Hogwarts: unter anderem den tiefsten und vermutlich zauberhaftesten Lochs der Highlands: Morar und Nevis.

Danach steht ein Besuch der berühmten Destillerien an. Empfehlenswert sind unter anderen Glenturret (die älteste und durchgehend bewirtschaftete Whisky-Brennerei Schottlands), Edradour (die kleinste und wohl hübscheste in den Highlands) und Talisker (eine Destillerie auf der Isle of Skye), deren Whisky Robert Louis Stevenson in seinem Gedicht *The Scotsman's Return From Abroad* als »king o' drinks« verewigte.

Auf der Isle of Skye bieten sich die Fairy Pools (eine Reihe türkisfarbener, von Wasserfällen gespeister Naturbecken) zum Spazierengehen an. Sie erzählen von magischen Bewohnern der Insel – Feen und Kobolden, von denen der Legende nach vor rund 700 Jahren einer das Herz einer MacLeod im Sturm eroberte. Das Symbol dieser legendären Liebe, die Fairy Flag, kann man heute noch in Dunvegan Castle bewundern.

Angesichts der fast surrealen Schönheit der schottischen Highlands – seien es die Felsnadel Old Man of Storr auf der Halbinsel Trotternish oder die märchenhaften Felsformationen des Quiraing – fällt es schwer, die lokalen Mythen nicht für bare Münze zu nehmen, selbst als Muggel-Paar. Und wenn Sie die Chance nutzen, einem der im Sommer veranstalteten traditionellen Highland Games beizuwohnen, werden Sie sich angesichts der kernigen Männer in Kilts und mit Dudelsäcken komplett in frühere Zeiten versetzt fühlen.

In der Bruichladdich Distillery wird Whisky vor Ort verkostet.

REISEPLANUNG

ÜBERNACHTEN • Über Inverlochy Castle, schrieb Königin Victoria einst: »Einen hübscheren oder romantischeren Ort habe ich noch nie gesehen.« Und seitdem hat sich die grüne Landschaft mit Großbritanniens höchstem Berg, Ben Nevis, kaum verändert. Topmodern sind allerdings die Regenduschen in den Bädern, Spiegelfernseher und der Rolls samt Chauffeur (auf Anfrage). *inverlochycastlehotel.com*

ESSEN • Das Interieur des Mustard Seed in einer ehemaligen Kirche aus dem 19. Jahrhundert in Inverness bietet elegante Bogenfenster und hohe Decken. Sowohl im Erdgeschoss am offenen Kamin als auch auf der Galerie und Dachterrasse genießen Sie den Blick auf den River Ness und regionale Fusion-Spezialitäten (beispielsweise Haggis-Bonbon in knusprig-goldener Panade mit Aioli). *mustard seedrestaurant.co.uk*

UNTERNEHMUNGEN • Reisen Sie zurück in die Zeit von William Wallace und fiebern Sie bei den Highland Games mit, die im Sommer veranstaltet werden. Sie sind zwar kein Wettkampf der Clans mehr, bieten jedoch viele altehrwürdige Programmpunkte, wie Dudelsackmusik, Volkstanz und Hammerwerfen. Buchen Sie einen Tag über McKinlay Kidd, am besten mit Ian Byers als Führer. *mckinlaykidd.com*

GRIECHENLAND

DIE KYKLADEN

Weiße Häuser, sonnige Klippen und traumhaft schöne Sonnenuntergänge

Santorin, eine vergleichsweise kleine Inselgruppe im Süden der Kykladen, gilt weithin als Inbegriff der Romantik. Der Archipel ist ein Traum in Saphirblau und Weiß, mit von Bougainvillea überwucherten weiß getünchten Häusern auf den Grundfesten eines erloschenen Vulkans mitten im Ägäischen Meer – und aus mythologischer Sicht ein Produkt der Lust. * Der Überlieferung zufolge träumte der Argonaut Euphemos, eine Nymphe geschwängert zu haben. Diese versprach, seinen Nachkommen ein Heim zu schaffen, doch dafür müsse er Erde ins Meer werfen. Überzeugt, im Traum eine göttliche Weisung erhalten zu haben, warf Euphemos gehorsam Erdklumpen ins Wasser – und schuf Santorin.

Die Sonnenuntergänge auf Santorin zählen zu den schönsten der Welt. Genießen Sie das abendliche Schauspiel im Dorf Oia an der Nordküste und baden Sie im Licht, das die weißen Häuser auf den Klippen zuerst golden und schließlich feuerrot erstrahlen lässt. Machen Sie es sich am besten schon frühzeitig an einem Bartisch mit Aussicht so richtig gemütlich und lassen Sie bei ouzu und mezethes (Vorspeisen) die Seele baumeln.

Oben links: Die Kykladen übertrumpfen sich gegenseitig mit den schönsten Sonnenuntergängen. *Oben Mitte:* Frische mediterrane Produkte und Feta werden auf den Inseln überall angeboten. *Oben rechts:* Antike Ruinen am Haus der Kleopatra auf Delos. *Gegenüber:* Eine Kirche mit blauer Kuppel ziert die Küste von Santorin.

Auf Mykonos finden Sie zahlreiche Lokale, in denen Sie an Tischen im Freien den Sonnenuntergang bewundern können.

Wie Geschwister sind die Kykladen-Inseln freundschaftliche Rivalen. Mykonos, das berühmt ist für seine Windmühlen (und Partypeople), bietet ebenfalls herrliche Sonnenuntergänge. Von Santorin aus setzen Sie mit der Fähre in drei Stunden nach Mykonos über, einem wahrlich hinreißenden »Klein Venedig« mit reizenden Tavernen. Kommen Sie frühzeitig, um sich einen Tisch am Wasser zu sichern, und genießen Sie bei leckeren Drinks und Snacks das leuchtende Spektakel.

Vielleicht sind die Sonnenuntergänge hier auch deshalb so fantastisch, weil nicht weit entfernt auf Delos der mythische Geburtsort des Apollon (des griechischen Gottes des Lichts) liegt. Auf der winzigen Insel, die man von Mykonos aus in einer halben Stunde mit der Fähre erreicht, können Sie die beeindruckenden Relikte des fast 3000 Jahre alten Apollon-Tempels erkunden, der zum UNESCO-Welterbe zählt. Zu bewundern sind auch zahlreiche andere Tempel, die antiken Göttern wie Dionysos und Poseidon geweiht waren, ebenso antike Pilgerwege und herrliche Mosaike.

Um Ihre Aufmerksamkeit buhlen noch weitere Insel-Schönheiten: Naxos, im Mittelalter Sitz eines venezianischen Herzogtums, wartet mit eleganten Bauwerken aus jener Zeit auf (die Burgstadt Kastro können Sie beispielsweise im Rahmen des Sommerfestivals besichtigen). Milos bietet am Paliochori-Strand eine Art Natur-Thermalbad zwischen roten und gelben Klippen, denn hier erwärmen unterirdische heiße Quellen das Wasser. Und Sifnos ist nicht nur für seine vielen Kirchen, sondern auch für seinen auf einem Berg gelegenen Hauptort Apollonía mit einer lebhaften Restaurant-, Café- und Barszene bekannt. Hier bewirtet das Lokal O Drakakis seit 1887 seine Gäste mit *rakomelo* (heißem Raki mit Honig und Gewürzen).

Nach ein paar Tagen Inselhopping haben Sie am eigenen Leib erfahren, warum die Kykladen schon seit Langem ein so beliebtes Ziel für Hochzeitsreisen sind. Solange jedoch Euphemos keinen neuen Erdklumpen ins Meer wirft, bleibt Santorin die ultimative Kulisse für Ihre ganz persönliche »Big Fat Greek Romance«.

Oben: Typischer Anblick auf den griechischen Inseln: Fangfrische Oktopusse hängen vor einem Restaurant an der Leine.
Gegenüber: An der Plaka von Milos kann man den Sonnenuntergang bei einem kleinen Picknick genießen.

REISEPLANUNG

ÜBERNACHTEN • Das luxuriös ausgestattete »Cave-Boutique«-Hotel Iconic Santorini heißt seine Gäste in ehemaligen Läden und Wohnungen willkommen, die als Höhlen in die Klippe an der berühmten Caldera-Wand der Insel getrieben wurden. Romantik par excellence erwartet Sie in der »Cliff Suite«. Sie liegt etwas abseits auf der privaten Hotelebene und bietet zwei Balkone mit Aussicht, einen von Kerzen beschienenen Höhlen-Pool und im Freien ein heißes Becken an der Vulkanwand der Caldera. *iconicsantorini.com*

ESSEN • Das Restaurant 1800 residiert auf Santorin hoch oben im Dorf Oia in einer Kapitänsvilla aus dem 19. Jahrhundert und überblickt die ganze Insel. Nach einem Rundgang durch die restaurierten Räume lockt der romantische Dachgarten. Dort genießen Sie regionale Spezialitäten wie fangfrischen Fisch und gegrilltes Lamm sowie den Blick auf das Meer und die Caldera. *oia-1800.com*

UNTERNEHMUNGEN • Pilgern Sie auf gewundenen Pfaden hinauf nach Pyrgos. Das schöne Dorf an der höchsten Stelle Santorins bietet Burgruinen, Kirchen, Weingärten und besonders hübsche weiß getünchte Häuser und einen überwältigenden Panoramablick. Ganz oben innerhalb der Festungsmauern erwartet Sie ein Logenplatz für den Sonnenuntergang, der Insidern zufolge selbst in Oia seinesgleichen sucht: *Franco's. +30 2286 033957*

AFRIKA

AUF SAFARI

Endlose Savannen, dichte Urwälder und wilde Tiere

Der Samburu-Nationalpark in Kenia
erstrahlt im Sonnenuntergang.

»Das Safari-Leben hat etwas Besonderes«, schwärmte die dänische Schriftstellerin Karen Blixen, Autorin des autobiografischen Romans *Jenseits von Afrika*, der später verfilmt und zu einer Oscar-prämierten Leinwandromanze wurde. Man »fühlt sich, als hätte man eine halbe Flasche Champagner getrunken – übersprudelnd, in tiefer Dankbarkeit, am Leben zu sein.« Und in der Tat ist es ein berauschendes Erlebnis, Großwild in freier Natur zu beobachten. Und wenn ein Löwenpärchen bei Sonnenuntergang neben Ihrem Geländewagen kuschelt, muss Ihr Guide den mitgebrachten Champagner vermutlich selbst trinken.

Im Kyambura Gorge Reservat können Sie mit Affen Blickkontakt aufnehmen.

RUANDA / UGANDA

Auf den mehrtägigen Luxus-Afrika-Touren des Reiseveranstalters Volcanoes Safaris durchstreifen Sie einige der umwerfendsten Landstriche Afrikas von Virunga bis Kyambura und besuchen die berühmten Wildtiere des Kontinents in freier Natur. Bei der Gorilla-Safari beispielsweise geht es von Ruanda aus durch terrassiertes Hügelland zu den Virunga-Vulkanen. In romantischen Unterkünften hoch oben in den Bergen genießen Sie eine spektakuläre Aussicht auf Vulkane und Seen. Um den Affen näher zu kommen, wandern Sie am folgenden Tag durch üppige Bergwälder, bis Sie Ihren ersten Gorilla erspähen. Zuvor wurden Sie gut instruiert und wissen, dass Sie Abstand halten müssen (um die Tiere nicht mit Krankheiten anzustecken). Aber es ist schwer, sich an diese Anweisung zu halten, denn vor allem die Affen-Babys fordern Sie so unglaublich süß zum Spielen auf, dass Sie Ihre ganze Willenskraft aufbringen müssen, um sich fernzuhalten. Tröstlicherweise folgt gleich der nächste magische Moment, denn nun geht es weiter nach Uganda zur Kyambura Gorge Lodge in Ihr vorläufiges Zuhause im sogenannten Valley of the Apes (Tal der Menschenaffen). *volcanoessafaris.com*

REISEPLANUNG

UNTERNEHMUNGEN In Virunga unterstützt Volcanoes Safaris interessante Projekte: In der Mwiko Primary School können Sie mit den Kindern Englisch und Kinyarwanda üben. Oder Sie besichtigen mit den einheimischen Imkern die Bienenstöcke und lassen sich die Produktion und Ernte des Honigs erklären.

Auf einer Luxus-Safari erwarten Sie komfortable Unterkünfte wie hier in der Virunga Lodge.

Im Fairmont Mara Safari Club logieren Sie in einem Luxuszelt mit Terrasse.

KENIA / TANSANIA

Die von Micato (*micato.com*) angebotene 14–tägige »Hemingway Wing Safari« wurde nach einem der prominentesten Afrikafans überhaupt benannt. Sie beginnt in Nairobis berühmtem Fairmont Norfolk Hotel. Bevor Sie in die Wildnis aufbrechen, geht es zum einstigen Anwesen Karen Blixens, die laut Hemingway den Literaturnobelpreis eher verdient gehabt hätte als er.

Das nahe gelegene Samburu Nationalreservat ist berühmt für große Katzen. Hier gehen Sie auf Löwen-Safari oder Sie lauschen in der Wilderness-Lodge Larsens Camp in Ihrem Zelt am Flussufer den Lauten des Urwalds.

Eine völlig andere Geräuschkulisse erwartet Sie im Fairmont Mara Safari Club. Die luxuriöse Hotelanlage ist fast komplett vom Fluss Mara umgeben, in dem sich Nilpferde tummeln. Wenn Sie heiraten oder Ihr Eheversprechen erneuern möchten, haben die zahllosen Flusspferde für Sie hier möglicherweise nicht oberste Priorität, die Mara ist aber dennoch ein erstklassiges Ziel, denn hier sind Hochzeitsoffiziant und Gäste prächtig herausgeputzte Massai-Krieger, die Sie zu einem fantastischen Abenteuer mitnehmen: in die Serengeti. In einem Meer aus Gras können Sie im Spätsommer vom Balkon Ihres Zeltes aus der Gnu-Wanderung zusehen. Das große Finale bietet der Lake Manyara, berühmt für seine auf Bäume kletternden Löwen, sowie der Ngorongoro-Krater. Der ehemalige Vulkan ist heute ein Paradies für Wildtiere.

Am Abend lassen Sie die Tour dann vor dem offenen Kamin in Ihrem Cottage am Fuße des Ngorongoro Revue passieren.

REISEPLANUNG

UNTERNEHMUNGEN Verlängern Sie Ihre Reise und fahren Sie noch nach Sansibar. Das alte Swahili-Handelszentrum Stone Town, berühmt für seine geschnitzten Holztüren und Gewürzhändler, ist die perfekte Ergänzung zu den fantastischen Stränden. Besonders schön ist die Bucht des Per Aquum Zalu Zanzibar, wo Sie eine Cabana mit Meerblick, ein Massai-Spa-Ritual für Zwei oder zumindest ein Dinner auf dem traumhaften Steg oder in einer privaten Höhle buchen können. *minorhotels.com/en/peraquum/Zanzibar*

Kattas spazieren im Pulk über eine Staubstraße – auf Madagaskar sind diese Lemuren häufig zu sehen.

MADAGASKAR

Eine Afrika-Safari ist meist eine Pirsch auf die »Big Five« – Löwe, Leopard, Nashorn, Elefant und Büffel –, bei Safaris auf Madagaskar sind die »Beutetiere« deutlich kleiner, wie beispielsweise Lemuren, die gerade mal 0,3 bis zehn Kilogramm auf die Waage bringen. Auf der zehntägigen Madagascar-Highlights-Safari von Kensington Tours gehen Sie morgens und abends auf die Suche nach diesen possierlichen Geschöpfen, die teils sogar singen oder tanzen, zumindest wirkt es so. Lemuren sind jedoch nicht die kleinsten Tiere auf Ihrer Liste. Auf Madagaskar leben auch Chamäleons; tatsächlich ist auf der Insel ein Großteil aller Arten weltweit beheimatet. Und dann wäre da natürlich noch die Landschaft: Regenwald, rote Wüste und die Baobab-Allee (die urtümlichen Affenbrotbäume sehen aus wie auf den Kopf gestellt und können Jahrhunderte alt werden). Zwischen den Ausflügen erholen Sie sich in verschiedenen Lodges und Gästehäusern, um für das krönende Finale gewappnet zu sein: die Anlage Les Dunes D'Ifaty verwöhnt Sie (wenn Sie inklusive Meerblick buchen) mit freier Sicht auf die Straße von Mosambik und ihr Korallenriff.

REISEPLANUNG

UNTERNEHMUNGEN Genießen Sie einen dreiteiligen Abend im Freien in den Sandsteinbergen, deren spektakuläre Formationen über dem Nationalpark Isalo aufragen. Nach Cocktails beim Sonnenuntergang folgt ein traumhaftes Dinner für Zwei, anschließend bewundern Sie den fantastisch funkelnden Sternenhimmel. Buchen können Sie dieses unglaublich romantische Erlebnis über Kensington. *kensingtontours.com*

NAMIBIA

Auf den mit Oryxantilopen gesprenkelten roten Riesen-Dünen der Sossusvlei (eine von Sanddünen umschlossene Salzton-Pfanne in der Namib-Wüste) hat man das Gefühl, als könne es etwas Großartigeres gar nicht mehr geben. In Namibia reihen sich jedoch so viele landschaftliche Perlen aneinander, dass man regelrecht verwöhnt wird. Dies gilt besonders für das zehntägige »Desert-Dune-Adventure« von Wilderness Safaris. Nachdem Sie die imposanten Dünen erkundet und den Sternenhimmel über der Kulala Desert Lodge (am besten mit Nachtlager unter freiem Himmel auf dem Dach) bewundert haben, wird in der Region rund um Swakopmund die Safari zum Meeresabenteuer. Mit etwas Glück sehen Sie unterwegs Südafrikanische Seebären und Heaviside-Delfine. Anschließend führt Ihr Weg zur mit Schiffswracks gepflasterten Skelettküste – der Landstrich steht unter Schutz und die jährliche Besucherzahl ist limtiert. Weiter im Landesinneren entdecken Sie Oasen, »Röhrende Dünen« (das »Singen« erzeugt der Wind im Sand), Elefanten, Giraffen, Löwen, Hyänen und zahllose weitere Wildtierarten. Zum Abschluss machen Sie im Desert Rhino Camp eine Nashorn-Safari und lassen den Tag am Lagerfeuer unter dem funkelnden Nachthimmel ausklingen. *wilderness-safaris.com*

REISEPLANUNG

UNTERNEHMUNGEN Fahren Sie in den Etosha-Nationalpark, wo sich die Tiere im Juni dicht um die Wasserstellen drängen und bestens zu beobachten sind. Ihre Zahl und Artenfülle, darunter Leoparden, Geparden und Gnus, ist erstaunlich. Übernachten Sie im hoch gelegenen luxuriösen Little Ongava, dort haben Sie einen herrlichen Blick – direkt von Ihrem Privat-Pool – auf die benachbarte Wasserstelle. *ongava.com*

Namibia lockt mit Wildtieren und Wanderungen im Sonnenuntergang auf den riesigen Dünen in der Namib-Wüste.

RUSSLAND

SANKT PETERSBURG

Zarenpaläste, bunte Kuppeln und Weiße Nächte

Anna Karenina und Graf Wronski, Puschkin und Natalja Gontscharowa – in Sankt Petersburg wurden bereits viele Liebesgeschichten geschrieben. Ihre ist die nächste, lassen Sie sie also mit einem Paukenschlag beginnen! * »Piter«, wie die Perle an der Mündung der Newa im Russischen auch genannt wird, lässt sich im Sommer ausgiebig in der Dämmerung (oder was zu dieser Jahreszeit hier so als Dämmerung gilt) erkunden. Wenn Sie zu den legendären Weißen Nächten in den Sommermonaten anreisen, ist es hier fast durchgehend hell. Abend für Abend verwandelt sich die nördlichste Millionenstadt der Welt dann in eine einzige große Sause, mit »Beach Clubs«, Partybooten auf dem Fluss und zahlreichen Straßenkünstlern.

Um zwei Uhr morgens strömt alles zur Newa, um mitzuverfolgen, wie die Zugbrücken über Nacht hochgeklappt werden, damit der Fluss für Schiffskonvois passierbar ist. Beobachten Sie das Schauspiel vom Ufer oder vom Winterpalast der Eremitage aus. Falls Sie tagsüber munter genug sind, schmökern Sie im Dom Knigi, der berühmtesten Buchhandlung der Stadt. Im Bar-Restaurant Idiot lässt es sich speisen wie zu Dostojewskis Zeiten. Stoßen Sie doch mit jedem Wodka auf Ihre Liebesgeschichte an.

Oben links: Legen Sie bei einem Imbiss oder Glas Wein vor der Peter-und-Paul-Kathedrale eine Rast ein. *Oben Mitte:* Der prächtige Eingang des Hotel Astoria *Oben rechts:* Der Große Palast und die Wasserspiele von Schloss Peterhof ziehen jährlich Millionen Besucher an.

Die bunten Türmchen der ab den 1880er-Jahren erbauten Auferstehungskirche spiegeln sich im Gribojedow-Kanal.

REISEPLANUNG

ÜBERNACHTEN • Das wunderbar opulent eingerichtete Hotel Astoria von 1912 ist ein Wahrzeichen und das einzige Hotel, das private Logen sowohl im Mariinski- als auch im Michailowski-Theater besitzt. (Sie sollten dieses Angebot unbedingt nutzen, während der Weißen Nächte findet ein großes Kunstfestival statt.) Gleichermaßen beeindruckend sind die Nachbarn des Hotels, darunter die Eremitage und das Standbild Peters des Großen. Letzteres ist ein beliebtes Fotomotiv bei Jungverheirateten. Vielleicht auch für Sie auf Hochzeitsreise? *roccofortehotels.com*

ESSEN • Im L'Europe bietet das prächtige Jugendstilinterieur eine perfekte Kulisse für Livekonzerte, insbesondere zu den Tschaikowski-Nächten am Freitag. Es beeindruckt mit russischen und europäischen Gerichten, vielleicht aber mehr noch durch die lokale Prominenz, die sonntags zum Brunch mit Kaviar und Sekt in Scharen antanzt. *belmond.com/grand-hotel-europe-st-petersburg/restaurants_europe*

UNTERNEHMUNGEN • Fahren Sie mit einer *raketa*, einer Art Wassertaxi, das über dem Wasser zu schweben scheint, ins Umland. Insbesondere zu Schloss Peterhof, dem »Russischen Versailles«, mit seinem riesigen Park samt Wasserspielen.

SAMBIA UND SIMBABWE

VICTORIA-FÄLLE

Regenbogenfontänen, Gischt und tosende Wassermassen

Ein Sonnenuntergang über dem
von Tropfen verschleierten Panorama der
Victoria-Fälle ist ein unvergessliches Erlebnis.

Wenn der Sambesi am Rand eines kilometerweiten zerklüfteten Plateaus 110 Meter geradewegs in die Tiefe stürzt, wird er zum »Mosi-oa-Tunya« (Donnernden Rauch), im Rest der Welt besser bekannt als Victoria-Fälle. Die donnernden Wassermassen markieren die natürliche Grenze zwischen Sambia und Simbabwe und zählen zu den atemberaubendsten Orten der Welt. * Dem Glauben der Einheimischen zufolge gilt der Gott des Flusses, Nyami Nyami, als Helfer in Liebesdingen, daher pilgern die Frauen hinunter zum Boiling Pot, einem Strudel unterhalb der Katarakte, um für ihr Liebesglück zu beten. Und selbst wenn Sie den Flussgott nicht direkt um Hilfe bitten, werden Sie hier mit einem unglaublich romantischen Naturschauspiel belohnt.

Nicht nur, dass Sie hinter jeder Windung des Pfades eine neue fantastische Aussicht auf die Fälle erwartet, wandern Sie hier durch ein Wunderland aus Regenbögen. Riesige, winzige, doppelte, mannigfaltige Regenbögen, die sogar bei Vollmond in Tausenden von Farben erstrahlen. Wahrscheinlich spazieren Sie sogar unter einigen hindurch, vorbei an üppigem Grün entlang des Weges und begleitet vom Gesang bunter Vögel – die perfekte Kulisse für absolute Glückseligkeit, vor

Im Lookout (rechts) und Hangout (links) können Gäste der Tongabezi Lodge direkt am Flussufer speisen.

allem, wenn Sie beide Seiten der Victoria-Fälle erkunden, denn ungeachtet dessen, ob Sie sich gerade in Simbabwe oder in Sambia befinden, ist der Anblick stets atemberaubend.

Wenn Sie zu früh im Jahr kommen, wird der Ausblick mitunter durch gigantische Wassermassen vernebelt. Kommen Sie zu spät, sind die Fälle auf sambischer Seite zu einem Rinnsal geschrumpft. Am besten reisen Sie im Juni, Juli oder August an, dann herrschen ideale Bedingungen, und man kann hier alles Erdenkliche und Unvorstellbare sehen und erleben: Bungee-Jumping von der Victoria Falls Bridge (die über die Staatengrenze führt) direkt hinab in die von Gischt erfüllte Schlucht? Gebongt. Schaukeln und Zip-Lining über der gigantischen Bucht? Gebucht. Für Adrenalin-Junkies gibt es keine fantastischeren Kicks.

Sie können aber auch Grenzen erkunden, ohne sie zu überschreiten: Fahren Sie mit dem Boot nach Livingstone Island, das nach dem schottischen Missionar, Arzt und Entdecker David Livingstone benannt ist, der die Fälle im Rest der Welt bekannt gemacht hat. Die grüne Insel liegt am Rand des Plateaus, das dem Sambesi als Sprungbrett dient, und ist ein äußerst spektakulärer Ort für ein Picknick. Angesichts der rauschenden Wassermassen, die in allen Regenbogenfarben schimmern, versteht man Dr. Livingstones Bericht an Königin Victoria, nach welcher er die Fälle benannte: »Sie wurden noch nie von europäischen Augen erblickt; doch solch schöne Szenen müssen die Engel auf ihren Flügen betrachtet haben.«

Die Teestunde im Victoria Falls Hotel wird von Gebäck und Sandwich-Schnittchen begleitet.

REISEPLANUNG

ÜBERNACHTEN • In der Tongabezi Lodge am sambischen Ufer des Sambesi sind die Cottages und Häuser luxuriöse Öko-Tempel der Zweisamkeit: mit Moskitonetzen überspannte Betten mit Blick auf den Strom, private Veranden am Wasser, Bäder im Kerzenlicht, die von den zuvorkommenden Angestellten vorbereitet werden, und dichte Vegetation (die von Affen bewohnt wird). Romantik bietet auch der Fluss selbst. Fahren Sie mit dem Boot bei Sonnenuntergang an badenden Flusspferden vorbei, lassen Sie sich mit dem Kanu Ihr Abendessen zu einem Sampan bringen, verloben Sie sich, heiraten Sie oder erneuern Sie Ihr Ehegelübde am Rand der Fälle. Das Hotel organisiert all dies gerne für Sie. *tongabezi.com*

ESSEN • Im Stanley's Terrace in Simbabwes Victoria Falls Hotel blicken Sie auf die Grenzbrücke und die in Regenbogenfarben schillernde Gischt der Fälle. Der Nachmittagstee hier ist legendär. Gleiches gilt für die Cocktails. In Gedenken an das Stanley-Zitat »Doktor Livingstone, nehme ich an«, sollten Sie den *David Livingstone* (mit Gin, Rum, Ingwerbier) und den *I Presume* bestellen. *victoriafallshotel.com*

UNTERNEHMUNGEN • Bewundern Sie die atemberaubenden, in allen Regenbogenfarben schimmernden Fälle vom Hubschrauber aus. *Batoka Sky, +260 21 3320058*

DER SÜDPAZIFIK

Einsame Inseln, türkisfarbenes Wasser und kreative Robinsonaden

Buckelwale – eine Mutter mit ihrem Kalb – schwimmen vor Tonga an einer Gruppe Schnorchler vorbei.

Rote Frangipani als Haarschmuck, Bananenblätter als Kochgeschirr, Pareos als Kleidungsstücke, Schalen von Meeresschnecken als Lautsprecher – selbst Alltagsobjekte wirken auf den pazifischen Inseln faszinierend. Kein Wunder, dass sich hier zahlreiche Schriftsteller, Künstler und Schauspieler wie unter anderen Paul Gauguin, Robert Louis Stevenson oder Ida Pfeiffer haben inspirieren lassen. Und selbst wenn Sie nicht in deren Fußstapfen treten möchten, wird Ihre Reise zu diesem spektakulären abgelegenen Teil der Erde als Highlight in die Geschichte eingehen. Zumindest in die Geschichte Ihrer Liebe.

Tropische Blumen leuchten auf dem Markt von Papeete auf Tahiti.

TAHITI

Tahiti ist die Hauptinsel der Gesellschaftsinseln (zu denen unter anderen auch Bora Bora und Moorea gehören) in Französisch-Polynesien. Sie ist so idyllisch, dass sie bereits einige berühmte Besucher dazu inspirierte, leidenschaftliche Entscheidungen zu treffen. Paul Gauguin verließ Frankreich, um auf Tahiti zu leben, Fletcher Christian meuterte, nachdem die Bounty tahitianische Kokosnüsse geladen hatte, und Marlon Brando kaufte sich hier ein Südsee-Atoll mit zwölf Inseln. Und in der Tat macht die Schönheit Tahitis schnell alle Vernunft vergessen. Grüne Gipfel voller Palmen, weiße Sandstrände und glasklare Lagunen – die Versuchung ist groß, einfach nur dazusitzen und zu staunen. Wenn Sie sich doch losreißen können, bummeln Sie über den historischen Markt von Papeete – perfekt, um sich mit blumenbedruckten Pareos und duftendem Monoi-Öl einzudecken. Radeln Sie rund um Bora Bora und genießen Sie die atemberaubende Landschaft. Erkunden Sie schnorchelnd die kunterbunte Unterwasserwelt. Und setzen Sie mit der Fähre nach Moorea über, wo man den Eindruck hat, es wäre ein Stück vom Garten Eden erhalten geblieben.

REISEPLANUNG

ÜBERNACHTEN Im Le Méridien Bora Bora ist in den Böden der Bungalows über dem Wasser Glas eingelassen. Wenn Sie unter Ihrem Bungalow schwimmen, können Sie Küsschen nach oben werfen, und wenn Sie es sich drinnen gemütlich machen, können Sie die tropischen Fische beobachten, die sich unter Ihren Füßen im Wasser tummeln. *lemeridien-borabora.com*

Blick vom Osten
der Insel Motu auf
Bora Boras Hauptinsel.

Bei Sonnenaufgang zeichnen
sich die Silhouetten der Moai
auf der Osterinsel vor einem
imposanten Wolkenhimmel ab.

OSTERINSEL

Das extrem abgeschieden im Südpazifik gelegene Eiland Rapa Nui, besser bekannt als Osterinsel, lockt Besucher mit einer mysteriösen Galerie steinerner Kolosse. Die etwa 900 Moai (riesige Megalithskulpturen mit menschlichen Formen) wurden wahrscheinlich im Glauben geschaffen, sie würden die Geister von Verstorbenen in sich aufzunehmen. Die wenigen überlieferten Berichte über die Insel (die heute zu Chile gehört) legen nahe, dass ihre Bevölkerung im 19. Jahrhundert durch Krankheiten, Kriege und andere Plagen fast ausgelöscht wurde, sodass fast nichts von der alten Kultur überliefert wurde. Sicher ist jedoch: Die Moai sind alt, riesig und absolut faszinierend.

Die Statuen stehen überall auf der Insel, die beeindruckendste Gruppe bewacht jedoch den grasbewachsenen Krater Rano Raraku, der den indigenen Bildhauern als Steinbruch diente.

Auch wenn man des rätselhaften starren Blicks der berühmten Statuen niemals müde wird: Es gibt noch mehr zu sehen im Reich der Moai. Erkunden Sie, so weit es die aufgewühlte See erlaubt, die eisbergblaue Küste sowie die traumhaften Höhlen und riesigen Seevogelkolonien auf den benachbarten Inselchen. Nehmen Sie sich Zeit für die eindrucksvollen Relikte des Dorfes Orongo, die, ähnlich den Häusern der Hobbits in Tolkiens Auenland, einem grasbedeckten Vulkan entwachsen. Abends führt Sie der Weg in das gemütliche Kaimana Inn mit großartiger Küche und Karaoke-Singen. Wenn Ihnen Moai samt tropischem Strand besser gefallen, fahren Sie nach Anakena, wo Sie vor mysthischer Kulisse picknicken und baden können.

REISEPLANUNG

ÜBERNACHTEN Das schicke Öko-Hotel Hangaroa gleicht ein wenig dem Vulkandorf Orongo. Allerdings können Sie unter Ihrem Grassodendach in einer Wanne aus heimischem Lehm baden, und auf der Privatterrasse den Meerblick exzellente Küche und ein fantastisches Spa genießen. *www.hangaroa.cl/en/hangaroa*

Blick aus der Luft auf das türkisblaue Meer und einige der rund 70 Inseln Palaus, die zum UNESCO-Welterbe gehören.

PALAU

Palau, ein malerischer Inselstaat in Mikronesien, beheimatet einige der magischsten Orte der Erde: Die Rock Islands, die sich wie smaragdgrüne Glocken aus dem blauen Meer erheben und mit Kajak oder Segelschiff erkundet werden wollen.

Nicht minder fremdartig schön ist der Jellyfish Lake, den Millionen (harmloser) Quallen bevölkern. Beim Schwimmen fühlt man sich hier, als wäre man in eine riesige Lavalampe eingetaucht. Gerätetauchen kann man im Jellyfisch Lake allerdings nicht: Ab einer Tiefe von 15 Metern wird seine chemische Zusammensetzung gefährlich. Ansonsten scharen sich jedoch in Palau fantastische Tauchreviere. Legendäre Spots sind die Blue Corner und die Chandelier Cave, in der (in verrückten Musterwirbeln aus Blau, Orange und Türkis gefärbte) Mandarinfische daran erinnern, dass Sie wie Dorothy im *Zauberer von Oz* ganz sicher nicht mehr in vertrauten Gefilden sind.

REISEPLANUNG

ÜBERNACHTEN Im Palau Pacific Resort erwarten Sie Suiten mit Meerblick, 26 Hektar tropische Gärten, ein Strand mit zuckerfeinem Sand und Strandbar unter Palmen sowie ein hervorragendes Tauchzentrum. Nicht zu vergessen das abgeschieden im üppigen Grün gelegene Spa, wo Sie sich beim Rauschen des Pazifiks zu zweit verwöhnen lassen. *palauppr.com*

SAMOA

In New Yorks Winter unter Tierfellen kauernd, beschloss einst Robert Louis Stevenson, dass es an der Zeit war, sich in die Südsee abzusetzen. Sobald Sie anfangen, sich über das kleine Paradies zu informieren, in dem der Autor des Abenteuerromans *Die Schatzinsel* schließlich hängenblieb, werden Sie sich schnellstmöglich nach Samoa beamen wollen – mitten zwischen die Blowholes an der Küste von Alofaaga (raketenschnelle Meerwasserfontänen, die über hundert Meter hoch in die Luft schießen) oder in den von Farnen umhüllten To Sua Trench, zu dem man 30 Meter hinuntersteigt, um in flüssigem Türkis zu schwimmen. Oder zum letzten Ort, den Stevenson sein Zuhause nannte: die in den Bergen gelegene magische Villa Vailima, die – für den Fall der Fälle – auch gerne als Kulisse für Verlobungen genutzt wird.

REISEPLANUNG

ÜBERNACHTEN Die Anlage rund um das Seabreeze Resort gleicht einem Naturschutzgebiet und liegt an einer mit Mini-Inseln gesprenkelten Lagune. Wie der Name vermuten lässt, sind die hiesigen Brisen formidabel, besonders in der Hängematte für Zwei vor dem Honeymoon Point House an der Klippe. *seabreezesamoa.com*

Auf Samoa können Sie über dem glasklaren Wasser der Virgin Beach Cove schaukeln.

USA / NEUENGLAND

KÜSTE VON MAINE

Köstliches Seafood, atemberaubende Kliffs und hohe Plateaus

Schon vor 200 Jahren pries der US-Schriftsteller Henry Wadsworth Longfellow, der an der Küste von Maine aufgewachsen war, in *My Lost Youth* die Vorzüge dieser Landschaft. »Werften und Slips, und die frei sich wälzenden Gezeiten ... und die Schönheit und das Geheimnis der Schiffe, und die Magie des Meeres« ziehen noch heute Romantiker wie magnetisch an. Dazu kommen neuere Annehmlichkeiten wie Kreuzfahrten bei Sonnenuntergang und eine schier explodierende Gourmetszene. Tatsächlich kann man die Region wunderbar von Restaurant zu Restaurant entlang der Küste erkunden. * Höchstwahrscheinlich landen Sie dabei auch in Longfellows Heimatstadt Portland, einem Mekka für Feinschmecker an der Südküste.

Bummeln Sie auf Kopfsteinpflaster durch Old Port, ein Hafenviertel aus dem 19. Jahrhundert mit großartigen neuen Bars und Restaurants. Probieren Sie im Eventide Oyster Co. innovativ interpretierte Klassiker (auf jeden Fall den Cocktail *Negroni bianco*) und die *Lobster rolls* (besonders empfehlenswert ist die Variante mit Butter-Vinaigrette).

Eine weitere Attraktion ist die Casco Bay mit ihren rund 140 bewaldeten Inseln, von denen viele im Sommer mit Fäh-

Oben links: Bunte Hummerfallenbojen zieren die Docks im Acadia National Park. *Oben Mitte*: Frischer Hummer ist ein kulinarisches Highlight an der Küste von Maine. *Oben rechts*: Mit schönem Blick und guten Wellen zum Surfen wartet der Higgings Beach bei Sonnenuntergang auf. *Gegenüber*: Den Nubble-Leuchtturm in York sollten Sie gesehen haben.

ren erreichbar sind. Nach Peaks dauert die Überfahrt von Portland nur 20 Minuten. Es ist perfekt, um sich auf Leihrädern Appetit für die nächsten Schlemmereien zu erstrampeln. Südlich von Portland besitzen Familiendynastien wie die Bushs in Kennebunks (siehe ÜBERNACHTEN) Sommerresidenzen. Hier bereiten Meisterköche wie David Turin köstliche Seafood-Eintöpfe zu, und in Clam-Shack-Restaurtants werden haufenweise Muscheln serviert.

Noch weiter südlich erreichen Sie die ehemalige Künstlerkolonie Ogunquit. Erster Halt: Perkins Cove mit der berühmten hölzernen Klappbrücke und dem Restaurant Barnacle Billy's, wo Sie sich Rumpunsch, gedämpfte Muscheln und Maine-Hummer schmecken lassen können. Danach führt Sie ein Verdauungsspaziergang auf dem nahen Marginal Way zu einem besonders umwerfenden Abschnitt der felsigen Küste.

Ganz im Süden liegen York und Kittery aus dem 17. Jahrhundert. York wartet mit dem Nubble Lighthouse, einem berühmten Leuchtturm aus dem 19. Jahrhundert, und der fast so berühmten Dunne's Ice Cream (probieren Sie Indian Pudding) auf, den Weg lohnen allein schon die Cocktails in der Anju Noodle Bar (vor allem der East By Gimlet).

Nördlich von Portland bietet das hübsche Städtchen Camden Romantik pur mit seiner Flotte von historischen Windjammern, deren Segel sich vor der Küste wölben, und dem hundert Jahre alten Restaurant Whitehall Inn. Hier bekommt man im Sommer knackig frische Salate (beispielsweise Lila Spargel mit Haselnüssen und Estragon-Vinaigrette).

Das Glanzstück ist jedoch Mount Desert Island, hier versammelt der Nationalpark Acadia herrliche Felsküsten, majestätische Berge, dichte Wälder und stille Seen. Genießen Sie mindestens einmal den Sonnenuntergang vom Cadillac Mountain aus, mit 470 Metern der höchste Punkt an Amerikas Nordatlantikküste. In Verzückung versetzen einen aber auch die Cocktails im Asticou Inn in Northeast Harbor.

So weit das Auge reicht sieht man vom felsigen Gipfel des Cadillac Mountain im Acadia-Nationalpark über die schier endlose Küste.

Oben: Der Hafen an der Perkins Cove in Ogunquit.
Gegenüber: Auf Spaziergängen an der Küste sieht man schöne traditionelle Häuser.

REISEPLANUNG

ÜBERNACHTEN • Das White Barn Grace in Kennebunk bietet 150 Jahre alte urgemütliche Cottages und Suiten mit sämtlichen romantischen Extras: plüschige Daunendecken, offene Kamine, Marmorbäder mit Whirlpools, Regen- oder Dampfduschen und – vielleicht am besten – auf Bestellung üppige Picknickkörbe.

ESSEN • Im Bagaduce Lunch in Penobscot (eine Stunde von Mount Desert Island entfernt) deckt man sich an einer rustikalen Theke mit sündhaft leckeren Muscheln, Lobster rolls, Blaubeerkuchen und Vanilleeis ein, geschmaust wird an Picknicktischen am Wasser. Die reizende Muschelbude an der Straße neben einem stillen See ist eine wahrgewordene Maine-Fantasie.
+1 207–326–4197

UNTERNEHMUNGEN • Wandern Sie rund um den Jordan Pond, einer zwischen Bergen versteckten Perle in Acadia. Die 2,5 Stunden lange Tour verläuft an der Küste nahe dem berühmten Teehaus des Parks, unterwegs sieht man verschiedene Naturwunder aus nächster Nähe: versteckte Strände, Schmuckreiher und grüne Kiefern, die im Wind rauschen.

AFRIKA

MOSAMBIK

Idyllische Strände, blaues Meer und schillernde Unterwasserwelten

Die einfachen Freuden dieser abgeschiedenen ostafrikanischen Region bringt der Bob-Dylan-Song *Mozambique* trefflich auf den Punkt: »The sunny sky is aqua blue / and all the couples dancing cheek to cheek/ it's very nice to stay a week or two / and fall in love, just me and you.« * Doch ebenso malerisch wie das blaue Meer sind hier auch die *Dhaus* – traditionelle arabische Boote, die seit Jahrhunderten auf Ostafrikas Gewässern kreuzen und deren Segel elegante Bögen an den Horizont zeichnen. Unglaublich romantisch sind *Dhau*-Fahrten durch die Bazaruto- und Quirimbas-Archipele, wo das Himmelblau des Indischen Ozeans selbst Dylans poetische Beschreibung übertrifft.

Ob tagsüber, bei Sonnenuntergang oder auf eine mehrtägigen *Dhau*-Safari – schöner kann man die Seele kaum baumeln lassen. Magisch ist auch Mosambiks Binnenland, insbesondere am Lago Niassa, der in Malawi Lake Malawi, in Tansania aber Lake Nyassa heißt. Seine Ufer bedecken dichte Wälder, und in seinem Wassern tummeln sich schillernde Buntbarsche. Und auf mosambikanischer Seite bieten Öko-Lodges traumhaft romantische Unterkunft.

Oben links: Ein Fischer setzt das Segel seiner Dhau beim Nationalpark Quirimbas auf der Insel Materno. *Oben Mitte:* Eine Frau schenkt dem Fotografen ein Lächeln. *Oben rechts:* Das Himmelbett in der Hotelanlage von &BEYOND auf der Insel Benguerra mag man nur ungern verlassen.

Auf der Insel Benguerra bieten strohgedeckte *casinhas* Schatten und angenehme Kühle unter Palmen.

REISEPLANUNG

ÜBERNACHTEN • Die Hotelanlage von &BEYOND ist auf der Insel Benguerra in einem Nationalpark gelegen, der eine Vielzahl von Habitaten mit zahllosen Tieren schützt. In nächster Nähe zum weichen Sandstrand beobachten Sie tropische Fische, Walhaie und Gabelschwanzseekühe unter Wasser. Wieder an Land, können Sie deren gemeinsames Heim vor Ihrer strohgedeckten *casinha* vom Rim-Flow-Pool aus betrachten. *andbeyond.com*

ESSEN • Am Casbah Restaurant and Beach Bar beim Casa Cabana Beach in Vilanculos kommen Sie auf Ihrem Weg nach Benguerra vorbei. Auch wenn es hier nichts Ausgefallenes gibt, werden Sie dieses lässige Strandlokal lieben. Hier spielen Mosambiks berühmteste Meeresfrucht, die Garnele, *Piri-Piri*-Hähnchen und andere regionale Spezialitäten die Hauptrolle. Obendrauf gibt es den Blick auf den Indischen Ozean. *casacabanabeach.com*

UNTERNEHMUNGEN • Verpassen Sie nicht die anderen Highlights auf Benguerra, die den Zauber der Insel ausmachen: riesige Dünen, Feuchtgebiete mit zahllosen Flamingos, Süßwasserseen und idyllische Dörfer. &Beyond stellt Ihnen nach Belieben Touren zusammen und Kite-Surfen kann man hier auch.

KANADA

ATLANTISCHE PROVINZEN

Leuchttürme, Papageientaucher und wildlebende Elche

Der Aussichtspunkt am Skyline Trail im Cape-Breton-Highlands - Nationalpark eröffnet eine fantastische Aussicht auf das Meer.

In der Geschichte wurden schon viele Allianzen aus politischen oder wirtschaftlichen Gründen geschlossen, die atlantischen Provinzen (Atlantic Canada) eint jedoch eine Verbindung besonder Art: ein Bund der Romantik. * New Brunswick, Prince Edward Island, Nova Scotia, Neufundland und Labrador sind zwar auch wirtschaftlich miteinander verbunden, reizvollste Gemeinsamkeit sind jedoch die traumhaften Küsten. * An den Klippen Nova Scotias bahnt sich Cabot Trail auf Cape Breton seinen Weg.

Auf dieser 300 Kilometer langen Panoramastraße erreichen Sie nach wenigen Tagen den Cape-Breton-Highlands-Nationalpark, in dem 26 Wanderwege, Elche und Schwarzbären auf Sie warten – und ein großartiger Golfplatz. Wenn Sie Cape Breton vom Meer aus sehen möchten, unternehmen Sie eine Tagestour mit dem Kajak und entdecken Sie Wasserfälle, Wildtiere oder auch Feuchtgebiete voller Vögel.

Eine weitere Attraktion ist die Bay of Fundy in New Brunswick, die mit extremem Tidenhub und blankem Meeresboden beeindruckt. Bei Ebbe lässt der Atlantik hier regelmäßig die Hopewell Rocks auf dem Trockenen zurück. Die mächtigen Gesteinsformationen bilden eine romantisch zerklüftete Kulisse für einen Spaziergang und ein unvergessliches Dinner im Freien (siehe ESSEN).

Durch die vielen Fenster des Fogo Island Inn reicht der Blick über felsiges Terrain und die endlose Wasserfläche des Atlantiks.

Auf Prince Edward Island dagegen ergeben die imposanten Leuchttürme ein sehenswertes Beiwerk zur maritimen Landschaft. Insgesamt 52 Leuchtfeuer in allen möglichen Farben, Formen und Größen stehen auf den roten Klippen der Insel. Vergnügen Sie sich einen Tag lang mit Leuchtturm-Hopping, und steigen Sie, wann immer möglich, auf einen der Türme hinauf, um atemberaubende Ausblicke zu genießen. Und wenn Sie Lust auf noch mehr Leuchtturm-Feeling verspüren: Übernachten Sie doch in einem: beispielweise in den »Keeper's Quarters« oder den »Tower Rooms« des West Point Lighthouse Inn.

In Neufundland und Labrador zeigt sich die Schönheit des Meeres auf besonders beeindruckende Weise beim Whale-Watching. Besonders gut kann man die gewaltigen Tiere auf Bootsfahrten im Witless Bay Ecological Reserve beobachten. Zwischen vier Felseninseln schwimmen hier Buckel- und Minkwale, zu denen sich im Sommer Millionen Seevögel gesellen, darunter die Mitglieder der größten Papageientaucherkolonie des Kontinents. Kommen Sie wenn möglich im Juni, dann können Sie vom Bed & Breakfast Iceberg Alley aus beobachten, wie tonnenschwere Eisblöcke vorbeigleiten, die von den Gletschern Grönlands abgebrochen sind.

Darüber hinaus lohnt ein Besuch auf Fogo Island. Die insgesamt 200 Kilometer langen Wanderpfade auf der abgeschiedenen Fischer-Insel wurden der Legende nach von Junggesellen angelegt, die von einem Dorf zum nächsten auf Freiersfüßen unterwegs waren – oder aber die Pfade wurden einst von den zahlreichen Karibus und Füchsen gespurt.

Wildlebende Elche kann man auf Cape Breton beobachten.

REISEPLANUNG

ÜBERNACHTEN • Das Fogo Island Inn, ein abgeschieden am Meer gelegenes, beeindruckendes Gebäude aus Glas und Holz auf Pfählen, beherbergt nicht nur Hotelzimmer der Extraklasse, sondern auch Bar, Restaurant, Kino, Ausstellungsräume und vieles mehr. Raumhohe Fenster gewähren grandiose Ausblicke und gemütliche Möbel sorgen für Komfort. Kein Wunder, dass National Geographic das Hotel in die Liste der Unique Lodges aufgenommen hat. Neben Bibliothek, Filmvorführungen oder heißen Bädern auf dem Dach werden hier auch Wander-, Boots- und Fahrradtouren angeboten. *fogoislandinn.ca*

ESSEN • »Dinner on the Ocean Floor« wird von Flying Apron Inn & Cookery im Sommer zu festen Terminen und, wenn es die Natur erlaubt, nach Vereinbarung angeboten. Vor großartiger Kulisse – dem blanken Meeresboden der Bay of Fundy, 15 Meter unter Meereshöhe – geht man erst auf Beutezug und genießt dann ein viergängiges Menü mit Seafood in Hülle und Fülle, dazu Weine aus der Region. Ein Lagerfeuer, eine Tour zu den Fossilien und Gezeitentümpeln des Burntcoat Head Park, dem Ort mit dem höchsten Tidenhub der Welt, gehören zum Programm. *flyingaproncookery.com*

UNTERNEHMUNGEN • Dank der unglaublichen Gezeiten herrschen auf dem Shubenacadie River oft exzellente Rafting-Bedingungen. Man reitet sozusagen auf dem Wasser dieser Gezeitenwelle – ein fantastisches Erlebnis, bei dem man sich gern aneinanderklammern würde, aber besser mit beiden Händen weiterpaddelt. *tidalboreadventures.ca*

EUROPA

SÜDFRANKREICH

Sonnige Landschaften, malerische Dörfer
und duftende Lavendelfelder

Lavendelfelder hüllen die Provence in ein duftendes Farbenkleid.

»Als ob man in ein Gemälde hineinspazieren würde« – kaum eine Beschreibung könnte für »le Midi de la France« besser passen, insbesondere, da so viele berühmte Künstler diese sonnigen Gefilde in ihrem Werk verewigt haben. Darunter Claude Monet, Marc Chagall, Vincent van Gogh, Paul Cézanne, Henri Matisse und Pierre-Auguste Renoir, um nur einige zu nennen. Tatsächlich wurden die Landschaften und Sehenswürdigkeiten Südfrankreichs so oft gemalt, dass man hinter jeder Biegung etwas scheinbar Vertrautes erblickt, selbst wenn man zum ersten Mal in diese Region reist.

In der Brasserie Les Deux Garçons in Aix-en-Provence wird Bier in Tulpengläsern serviert.

Selbstverständlich sind all die Dinge, die le Midi so malenswert machen, gleichzeitig auch unglaublich romantisch: das magische Licht, die idyllischen Strände, die stimmungsvollen Berge, die antiken Ruinen, die sonnigen Weinhänge und die charmanten Bergdörfer. Ganz zu schweigen von den riesigen Lavendel- und Sonnenblumenfeldern, die im Sommer zahlreiche Reisende in die Provence locken. Selbst wenn die Blumenfelder nicht jedermanns erste Priorität sind, lohnt es sich doch, im Juli (oder Anfang August) zu kommen, um zumindest einen Blick auf die weltberühmte lila-gelbe Farbsinfonie werfen zu können. Hierfür empfiehlt es sich, eine der »Routes de la Lavande« (Lavendelstraßen) entlangzufahren. Besonders eindrucksvolle Felder gibt es auch bei der Abtei Sénanque, nahe dem hoch gelegenen Städtchen Gordes sowie bei Grasse, der Welthauptstadt des Parfums. Üppige Sonnenblumenfelder sehen Sie an den Landstraßen bei Arles, die schon Vincent van Gogh zu seinen berühmten Sonnenblumenbildern inspiriert hatten (und übrigens auch zu dem Bild *Sternennacht*). Kaum zu glauben, wie wenig sich diese Landschaft verändert hat.

REISEPLANUNG

ÜBERNACHTEN • In dem hübschen, 400 Jahre alten Château Eza lässt es sich wahrhaft fürstlich logieren. Unterhalb des schmucken 5-Sterne-Hotels blickt das prächtig erhaltene mittelalterliche Städtchen Eze auf das Meer. Buchen Sie ein Zimmer mit Privatbalkon, um die Aussicht bis nach St. Tropez und Korsika zu genießen. *chateaueza.com*

Die Cathédrale Sainte
Réparate schmückt die quirligen
Place Rossetti in Nizzas Altstadt.

An der Côte d'Azur (der französischen Riviera) prägen hoch gelegene Dörfer, elegante Eisenbahnbrücken und das Meer das Landschaftsbild.

Ebenso berühmt ist Südfrankreich für seinen Wein. Nach dieser speziellen Muse mussten Künstler hier nie lange suchen, schließlich gibt es in der Provence nicht weniger als 20 Appellationen. In besonders schöner Umgebung verkostet man die edlen Tropfen in dem Küstenort Bandol, empfehlenswert sind die Rosés im Château de Pibaron, einem großen Weingut mit Blick aufs Mittelmeer, und im Château Sante Anne nahe dem alten Dorf Evenos. Eine weitere Rosé-Pilgerstätte ist Bandols an der Küste gelegene Nachbarstadt Cassis. Hier beeindrucken die großartigen alten Weinberge des Clos Ste. Magdeleine, dessen terrassierte Hügel auf gut 430 Kilometern von den geschützten Buchten des Nationalparks Calanques begrenzt werden.

Malerisch sind aber auch die vielen antiken römischen Ruinen der Region. Sie werden sie von vielen Meisterwerken her kennen – aber in natura sind sie noch viel romantischer. Sehr schön kann man die Artefakte auch vom Wasser aus bewundern, beispielsweise auf dem Fluss Gardon. Paddeln Sie mit einem Kajak unter dem 2000 Jahre alten, dreistöckigen Aquädukt Pont du Gard hindurch. Oder bewundern Sie den Sternenhimmel im Théâtre Antique in Orange, wo im Sommer Open-Air-Konzerte aufgeführt werden. Oder Sie steigen die Stufen zu den oberen Rängen der Arena in Arles hinauf und genießen bei einem Picknick die fantastische Aussicht.

Eine weitere architektonische Perle der Provence ist die Barockstadt Aix. Allseits beliebt ist hier der Boulevard Cours Mirabeau, eine charmante Flaniermeile mit Schatten spendenden Bäumen und Brunnen, die sich hervorragend für einen romantischen Spaziergang eignet. Genießen

REISEPLANUNG

ESSEN • Im La Vague d'Or bilden mediterrane Sterneküche und die schöne Aussicht auf den Golf von St. Tropez auf der von Kiefern beschatteten Terrasse ein herrliches Duo. Eine Spezialität ist In Meerwasser mit Zitronengras und Algen pochierter Steinbutt. *vaguedor.com/fr*

Im »Superior Room« des Château Eza genießt man sogar vom Bett aus eine atemberaubende Aussicht.

Sie die Szenerie aber auch in altehrwürdigen Brasserien wie dem Les Deux Garçons aus dem 18. Jahrhundert. An einem Tisch im Freien haben Sie dort denselben Blick wie Picasso, Cézanne und viele andere Künstler, die hier gerne ihre Zeit verbrachten. Cézanne wuchs sogar in Aix-en-Provence auf und malte jahrelang in der Region. Bei einer Besichtigung seines Ateliers Les Lauves sieht man noch immer seine Pinsel, Palette und Objekte für Stillleben. Und im Gebirge Montagne Sainte-Victoire, das ihm häufig als Muse diente, erwarten Sie romantische Wege, eine Priorei aus dem 17. Jahrhundert, eine winzige Höhlenkapelle und auf dem Pic des Mouches ein Blick auf die Provence, der an klaren Tagen bis zum Meer reicht.

Oui, oui, das Meer: ein weiteres Grundelement des südfranzösischen Sommers. Gleich neben der Provence liegt die berühmte französische Riviera, auch Côte d'Azur genannt – eine Landschaft, die Sie sicherlich von Gemälden wie Monets *Antibes*, Matisses *Bucht von Nizza* oder

REISEPLANUNG

UNTERNEHMUNGEN • Genießen Sie das Inselleben. Zwischen Marseilles und Cannes fühlt man sich auf den Îles d'Hyères (die wegen ihrer golden schimmernden Felsen auch Îles d'Or genannt werden) Lichtjahre vom Trubel der Riviera entfernt. Auf der besonders beliebten Île de Porquerolles erwarten Sie Naturstrände, ein Dorf aus dem 19. Jahrhundert und jede Menge Schatten spendende Bäume.

Bonnards *Boote in Cannes* kennen (bescheidene Vorläufer der Yachten, die heutzutage alljährlich im Mai zum berühmten internationalen Filmfest in den Hafen einlaufen). Ein Besuch dieser drei Städte ist auf jeden Fall Pflicht.

Nicht minder schön und dazu weitaus weniger überlaufen sind Théoule-sur-Mer, ein Städtchen mit hübschen Bars und Cafés am Wasser, Villefranche-sur-Mer, ein altes Fischerdorf mit schönem Strand bei Nizza, und die schicke Paloma Plage auf Cap Ferrat, wo das Wasser so kristallklar ist, dass man beim Schwimmen sogar die Taucher in der Tiefe sieht.

15 Minuten landeinwärts reichen sich in dem reizenden Bergdorf St. Paul de Vence Mittelalter und Moderne die Hand, denn in der alten Ortschaft – einer der ältesten an der Riviera – begegnet in dem Museum und Skulpturengarten der Fondation Maeght uralte Architektur den Werken moderner und zeitgenössischer Kunst. Der Garten bietet zudem einen Blick auf die Schneegipfel der Alpen auf der einen und das Mittelmeer auf der anderen Seite.

Zurück in Ihrem komfortablen Riviera-Schloss (siehe ÜBERNACHTEN) lassen Sie selbst Ihrer Kreativität freien Lauf und versuchen, sich gegenseitig zu zeichnen (wie ein heutiges Picasso-Gilot-Paar). Keine Sorge, künstlerisches Talent durchdringt einen hier osmotisch. Und kaum ein Souvenir könnte romantischer sein als ein selbstgemachtes Porträt, oder?

Im Hafenbecken der an der Calanque-Küste gelegenenen Kleinstadt Cassis spiegeln sich die bunten Fassaden der Häuser.

KROATIEN

DALMATIEN

Mit Mosaikfliesen verkleidete Wege, blaues Meer und tausend weitere Kleinode

Die Schönheit Dalmatiens ist zeitlos und wird den unterschiedlichsten romantischen Ansprüchen gerecht. Die herrliche Landschaft diente bereits als Filmkulisse für Hochzeiten in *Game of Thrones* sowie als Babymoon-Refugium für Beyoncé und Jay Z (deren Tochter Blue Ivy angeblich nach einem hier heimischen Baum benannt wurde). Am besten besucht man den magischen Landstrich im Sommer. Dann ist das glasklare Wasser in den Buchten perfekt temperiert, all die leckeren Köstlichkeiten der Region haben Saison und die Sonne schenkt Ihnen ein paar Extrastunden, um die beeindruckende Parade aus Buchten, Klippen, Stränden und Zypressenwäldern in Ruhe zu genießen.

Sie werden bald verstehen, warum Dubrovnik auch als »Thesaurum Mundi« (Schatz der Welt) bezeichnet wird – spätestens, wenn Sie einen Spaziergang auf der Stadtmauer machen, die im 9. Jahrhundert errichtet wurde. Teilweise 25 Meter hoch, bietet sie eine fantastische Aussicht über die roten Dächer und die barocken Kuppeln der Stadt.

Oben links: Auf diesem Plankenweg im Nationalpark Krka spazieren Sie zum Skradinski-buk-Wasserfall, an dem Sie baden können. *Oben Mitte:* In der »goldenen Stadt« Dubrovnik mangelt es nicht an Motiven fürs Fotoalbum. *Oben rechts:* Auf der Terrasse des Restaurants Villa Orsula ist der fantastische Ausblick inbegriffen. *Gegenüber:* Die Insel Korcula, Drehort für viele Szenen in *Game of Thrones*, leuchtet im Sonnenuntergang.

PROTO
PROTO
"GAVUN"
LUSH
19

Nachdem Sie am Tag die Sehenswürdigkeiten der Stadt bestaunt haben (die Straßen sind ein Traum aus glänzendem Marmor und versteckten Passagen, über denen die Kuppel der prächtigen Kathedrale thront) stärken Sie sich in der Café-Bar Buza, die bei Sonnenuntergang an Romantik kaum zu überbieten ist. Das »Loch in der Mauer« scheint wie von Zauberhand gehalten an einer Klippe gleich außerhalb der südlichen Stadtmauer über dem Meer zu schweben und eröffnet einen einmaligen Blick auf die Adria. Vom Buza aus ist es dann nicht weit zur »Löwenklippe«, von der mutige Kunstspringer sich gekonnt ins Meer stürzen.

Lohnend sind selbstverständlich auch Dalmatiens Inseln. Ganz in der Nähe (von Dubrovnik aus nur 15 Minuten mit der Fähre) lockt die kleine Insel Lokrum mit botanischem Garten, Benediktinerkloster, freilaufenden Pfauen, einer Salzwasserlagune zum Baden und – für *GoT*-Fans – dem Anblick der fiktiven Stadt Qarth. Drei Stunden mit der Fähre Richtung Norden liegt Hvar, wo In-Lokale mit gotischen Mauern konkurrieren.

Nicht weit entfernt liegt Korčula, ein aufsteigender Star der Inselwelt. Fischerdörfer, Kiesstrände, Weingärten, Olivenhaine und die Altstadt (in der möglicherweise Marco Polo geboren wurde) liefern Grund genug für einen herrlichen Tagesausflug. Lassen Sie sich im Restaurant Konoba Mate in einem ehemaligen Bauernhaus hervorragende traditionell dalmatinische Küche schmecken. Die Vorspeisenplatte, die vor heimischen Köstlichkeiten geradezu überquillt, und derhausgemachte Salbeisirup, sind hier die Geheimtipps.

Besuchen Sie im Landesinneren den Nationalpark Krka und nehmen Sie unter den Kaskaden des Skradinski-buk-Wasserfalls ein erfrischendes Bad – die idyllische Kulisse erkennen Sie vielleicht aus der vierten Staffel von *Game of Thrones* wieder. Doch egal, ob *GoT*-Fan oder nicht, Dalmatiens Landschaft wirkt auf alle gleich: Man kann einfach nicht genug von ihr bekommen.

In der UNESCO-Weltkulturerbestätte Dubrovnik bildet die historische Architektur die perfekte Kulisse für ein Abendessen unter freiem Himmel.

Oben: Diesen herrlichen Blick können Sie in der »Royal Suite« der Villa Orsula in Dubrovnik genießen.
Gegenüber: Die Wasserfälle im Nationalpark Krka bieten eine herrliche Erfrischung.

REISEPLANUNG

ÜBERNACHTEN • Die Villa Orsula in Dubrovnik ist ein hinreißend restaurierter alter Adelssitz an der Adria mit Ufergarten, Altstadtblick und Privatstrand mit Bedienung. Die schöne Villa ist nur einen Katzensprung von der Insel Lokrum entfernt, auf der viele Darsteller während der Dreharbeiten von *Game of Thrones* wohnen. Buchen Sie eine Suite mit Meer- oder Hafenblick. *adriaticluxuryhotels.com*

ESSEN • Auf einer Insel vor Hvar bietet das Restaurant Zori eine atemberaubende Aussicht auf die Adria und Spezialitäten wie Wolfsbarschfilet in Crépinette, begleitet von einem Glas dalmatischen Weines mit Geschmacksnoten von Kräutern, Feigen, Holunderblüten und Zitrone. Oder genießen Sie das Verkostungsmenü inklusive Hummer auf Buzara-Art und Tagliatelle mit Scampi und Trüffeln. *zori.hr*

UNTERNEHMUNGEN • Split ist Dalmatiens größte Stadt und lockt mit seiner urbanen Atmosphäre und uralten Geschichte zu Entdeckungstouren. An erster Stelle steht der Palast des römischen Kaisers Diokletian aus dem 4. Jahrhundert n. Chr. Der Komplex aus über 200 Gebäuden zählte einst Tausende Bewohner. Die Adria und die majestätischen Berge an der Küste bilden eine unschlagbare Kulisse.

SPANIEN

DONOSTIA SAN SEBASTIÁN

Quirlige Straßenkultur, majestätische Berge und königliche Strände

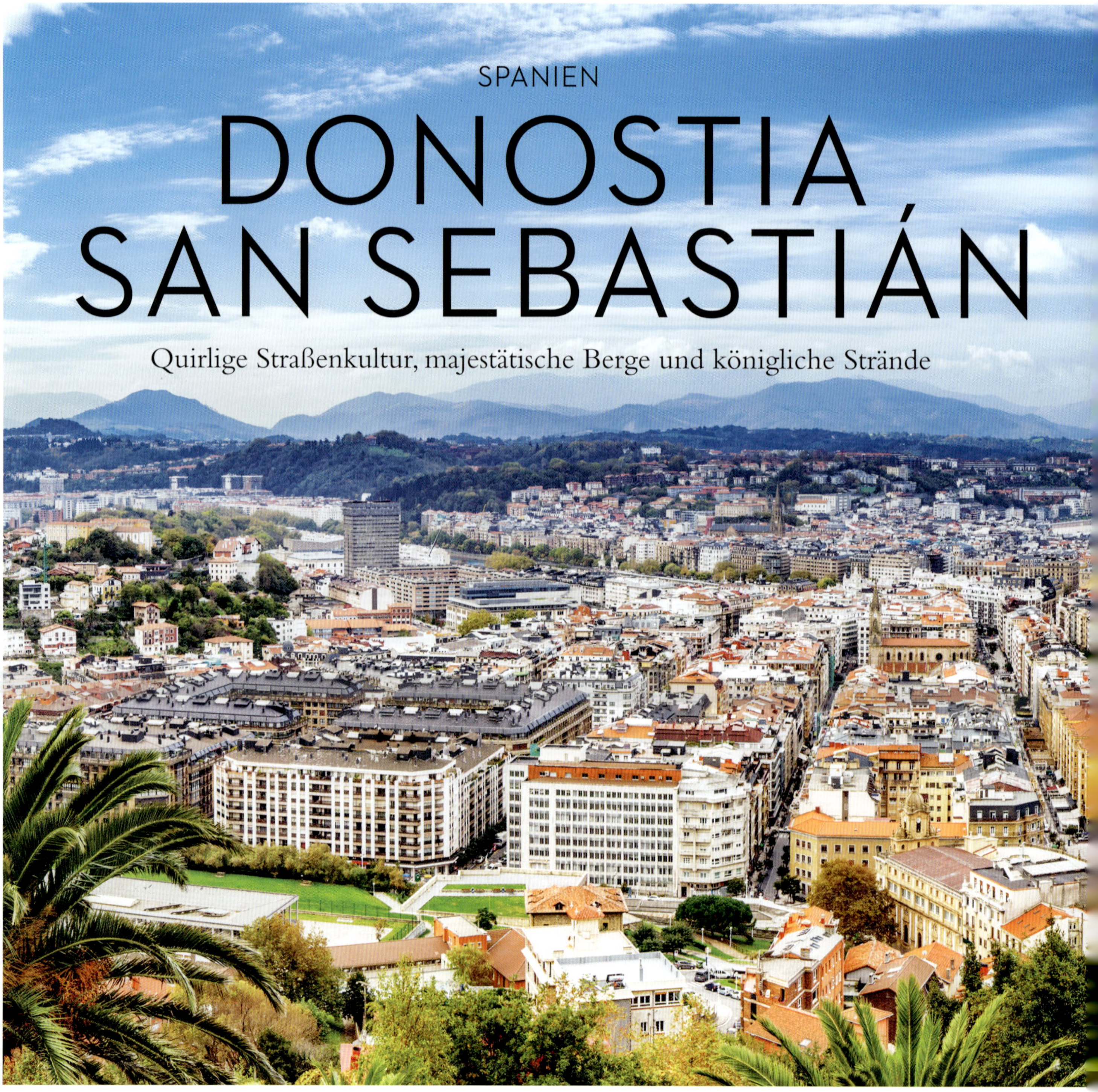

Blick vom Monte Ulia auf die am äußersten Norden der iberischen Halbinsel gelegene Hauptstadt des spanischen Baskenlands.

Auf eines kann man sich bei Königshäusern verlassen: auf ihren exquisiten Geschmack in Sachen Urlaubsorte. Als jedoch Spaniens Königin Isabella II. vor knapp 125 Jahren San Sebastián zum Standort der royalen Sommerfrische erkor, war dies eigentlich nur den perfekten Stränden und dem Klima geschuldet. Sie hatte keine Ahnung, dass zukünftige Generationen in den Restaurants der Stadt besser essen würden als an der königlichen Tafel und dass San Sebastián zu einer Kulturhauptstadt Europas avancieren würde.

Im Sommer verwandelt sich die Stadt in ein einziges großes Fest. Wenn Sie diese baskische Schönheit heute besuchen, werden Sie nicht nur königlich, sondern sogar besser urlauben.

Seit einigen Jahren erlebt San Sebastián eine mit Sternen ausgezeichnete kulinarische Revolution, und viele Feinschmecker reisen eigens wegen der guten Küche an (siehe ESSEN). Zu Ruhm gelangten auch die *pintxos*, die hiesigen Tapas, die auf Baskisch *txikiteos* heißen und die Sie im Viertel Parte Vieja auf Feinschmecker-Touren genießen können. Egal, ob Sie in den verwinkelten Pflasterstraßen zwischen Häusern aus dem 19. Jahrhundert bestimmten *rutas de pintxos* oder Ihrem ganz eigenen Tapas-Weg folgen, ein paar Lokale auf der Bestenliste sollten Sie kennenlernen. Steuern Sie die Bar Zeruko, das A Fuego Negro oder das Ganbara an – und machen Sie sich auf

An den Eisengeländern der Promenaden kann man hervorragend den Sonnenuntergang über der Bucht La Concha bewundern.

eine Riesenauswahl an kleinen Köstlichkeiten gefasst, zu der Kroketten ebenso gehören wie winzige belegte Brote.

Für seine Ernennung zur Kulturhauptstadt Europas 2016 hat sich San Sebastián vielerorts in Schale geworfen. So entstand beispielsweise in einer alten Tabakfabrik das Tabakalera, ein beeindruckendes Kulturzentrum mit Ausstellungen, Workshops, Filmvorführungen und vielem mehr. Auch das Kloster aus dem 16. Jahrhundert wurde renoviert, in dem heute das San Telmo Museum in modernen Räumen die Entwicklung der baskischen Gesellschaft nachzeichnet.

Die Kulturangebote in der langen Festivalsaison im Sommer sind mannigfaltig und jeder Monat steht unter einem anderen Motto. Im Juni zeigt das Surf Film Festival die perfekte Welle auf der Leinwand, im Juli bringt das Internationale Jazzfestival die Stadt zum Klingen und im August sorgt die baskische Partywoche Aste Nagusia für Musik und Tanz.

Und ungeachtet aller Neuerungen, die seit den Tagen von Königin Isabella II. erfolgten, ist der berühmte Strand an der muschelförmigen Bucht La Concha, der Perle des Kantabrischen Meeres, einfach spektakulär. Die Landschaft und Kochkultur dieser Küste sind unvergleichlich, im Café de la Concha vereint sich beides besonders eindrucksvoll. Ein »Muss« ist auch ein Bummel auf der Promenade, deren Geländer aus der Zeit um 1900 ein echter Hingucker ist.

Zu San Sebastiáns Küche gehören traditionelle Tapas.

Aber natürlich wollen Sie auch noch das Surfermekka Zurriola erkunden und am kleinen, abgelegenen Stadtstrand von Ondarreta sonnenbaden, schwimmen und einen Drink genießen – wahrhaft königliche Vergnügungen.

REISEPLANUNG

ÜBERNACHTEN • Das Hotel Maria Cristina, eine top-renovierte Grande Dame aus der Belle Époque, wurde 1912 von Königin Maria Cristina höchstpersönlich eingeweiht. Seitdem haben viele (Hollywood-)Royals hier logiert. Das Hotel am Ufer des Río Urumea bietet in vielen Zimmern einen romantischen Blick auf den Fluss. Ringsum finden Sie Architektur, Restaurants und Unterhaltung vom Feinsten. Feinschmecker freuen sich über die für San Sebastián typische kulinarische Kultur des Hauses: bei Gourmetkochkursen können Sie hier lernen, Iberischen Schinken richtig zu schneiden oder Paella zuzubereiten, und eine umwerfende Auswahl an *pintxos* mit dazu passenden Weinen zu kombinieren. *hotel-mariacristina.com/en*

ESSEN • Das Akelarre punktet mit drei Michelin-Sternen, moderner baskischer Haute Cuisine und spektakulärem Meerblick. Das Angebot wechselt saisonal, besonders lecker sind Zackenbarsch mit Spargel und Apfeltarte in Esspapier. *akelarre.net/en*

UNTERNEHMUNGEN • Erwandern Sie einen der umliegenden Berge – selbstverständlich ist die Aussicht oben grandios. Beginnen Sie mit dem Monte Igueldo, von dessen Aussichtsturm Sie einen herrlichen Blick über die Bucht La Concha und die Stadt haben. Und wenn Sie wegen der vielen *pintxos* lieber nicht bergsteigen wollen, fahren Sie einfach mit der Standseilbahn (die charmante *funicular* ist die älteste im Baskenland).

PORTUGAL

DIE AZOREN

Urzeitliche Vulkane, jahrhundertealte Städte und türkisfarbene Seen

Die Azoren liegen knapp 1400 Kilometer jenseits der Küste auf einer urzeitlichen Inselgruppe mitten im Atlantik. Sieben Jahrhunderte nachdem die ersten Kolonisten Schafen und Weinstöcke auf die neun Vulkaninseln brachten, gehören die westlichsten Außenposten Europas noch immer zu Portugal und verwöhnen Reisende mit einer wilden Mischung aus ungebändigter Natur und kultureller Historie. * Bereits bei Ihrer Landung auf São Miguel werden Sie den Reiz dieser Kombination bemerken.

Reservieren Sie sich mindestens einen Nachmittag für einen Bummel durch die Hauptstadt Ponta Delgada, mit ihren typischen weißen, mit schwarzen Vulkansteinen abgesetzten Mauern, einem bunten Fischerhafen und Gehwegen, gepflastert mit portugiesischen Mosaiken.

Gleich außerhalb der Stadt entdecken Sie allenthalben die faszinierenden Zeugnisse vulkanischer Aktivität. Fahren Sie in das quirlige Städtchen Furnas, um die zahlreichen Thermalbäder der Insel zu besuchen. Höhepunkte sind die Caldeira Velha, wo Sie im Urwald durch einen warmen Wasserfall schwimmen, Poça da Dona Beija mit seinen Thermalbecken an einem hübschen kleinen Fluss und der große Thermal-Pool samt üppigem botanischen Garten des Terra Nostra Hotels, das unter anderem vulkanisch erhitzte Eintopf-Spezialitäten

Oben links: Die Azoren erfüllen alle romantischen Erwartungen: Sonne, Sandstrände und Wellenrauschen par excellence. *Oben Mitte:* Portugiesischer Dessertwein mit *Tapas*. *Oben rechts:* In der Weinregion Criação Velha. *Gegenüber:* Der botanische Garten Terra Nostra auf São Miguel.

serviert. Sie können die Zubereitung eines *cozido* aber auch selbst übernehmen, indem Sie einen Kochkurs buchen.

Dieselben Kräfte, die für den Wasserdunst in Furnas sorgen, schufen einen Krater, den Sie zu Fuß, per Fahrrad oder im Wasser erforschen können. Besonders malerisch ist die Sete Cidades, deren zwei Seen von üppiger Vegetation umgeben sind. Bei einem bestimmten Lichteinfall erscheint das eine Gewässer grün, das andere blau. Einer Legende nach wurden sie von einem Liebespaar geschaffen. Als sich der grünäugige Junge und das blauäugige Mädchen trennen mussten, vergossen sie so viele Tränen, dass sich daraus zwei Seen bildeten.

Der Lagoa do Fogo (»Feuersee«) ist ebenfalls ein lohnendes Ausflugsziel, nicht zuletzt, weil man dorthin durch eine mysteriös anmutende Landschaft wandert, die an Mordor aus dem Film *Der Herr der Ringe* erinnert.

Sie könnten problemlos Ihren ganzen Urlaub auf São Miguel verbringen, es lohnt jedoch auch der Besuch anderer Inseln: Von dem beeindruckenden, wenn auch häufig umwölkten Vulkan Ponta do Pico aus hat man einen großartigen Blick auf die benachbarten Inseln. Eine ganz andere Wanderung lockt auf Madalena, nämlich die durch die Weinregion von Criação Velha. Zwischen den labyrinthischen Steinmauern der Weingärten – sie wurden vor Jahrhunderten zum Schutz der Rebstöcke vor Wind und Hochwasser errichtet – gedeihen noch heute hervorragende Weine. Verkosten Sie sie in der Cellar Bar in Lugar Da Barca.

Im Gebiet der Azoren gibt es außerdem zahlreiche Arten von Walen und Delfinen zu beobachten. Besonders imposant sind die riesigen Pottwale, die in den Sommermonaten hier leben.

Und abends genießen Sie den Sonnenunterhang in Lajes do Pico – hinter Ihnen ein altes portugiesisches Fischerdorf, vor Ihnen der glänzende Atlantik und an Ihrer Seite Ihr Partner, mit dem Sie dieses unvergessliche Erlebnis teilen.

Die Strände und grünen Berge der Azoreninseln bieten reizvolle landschaftliche Kontraste.

Gegenüber: Die Kirche São Nicolau in Sete Cidades *Oben:* Eine herrliche Aussicht genießen Sie bei einer Wanderung am Lagoa do Fogo.

REISEPLANUNG

ÜBERNACHTEN • Das Furnas Boutique Hotel, Thermal & Spa in Furnas befindet sich in einem schön gestalteten modernen Hotel in einem Thermalbad aus dem 19. Jahrhundert. Da ist es nicht weiter verwunderlich, dass man im Haus auch ein exzellentes Thermalbad besuchen kann. *furnasboutiquehotel.com*

ESSEN • Im Fonte Cuisine Restaurant in einem abgelegenen Anwesen am Meer können Sie im schattigen Hof lokale Spezialitäten genießen, sei es den weichen Käse *queijo do pico* oder herzhafte Fischsuppe. Danach spazieren Sie durch das idyllische Gelände, folgen den Wegen zum Meer – und zu einem Turm, um Wale zu beobachten. Von oben erspähen Sie vielleicht Delfine und Pottwale. *aldeiadafonte.com*

UNTERNEHMUNGEN • Baden Sie, vor der Strömung des Meeres geschützt, in einem der *pocas,* Naturbecken am Atlantik, die von Felsen umgeben und mit Meerwasser gefüllt sind, wie beispielsweise das Poça Branca in Prainha, an einem gut 90 Meter hohen Wasserfall in Poça do Bacalhau auf Pico.

CHINA

PROVINZ YUNNAN

Geschwungene Brücken, uralte Klöster und tibetische Gebetsfahnen

Romantisch veranlagten Reisenden in die Provinz Yunnan soll gesagt sein, dass es sich bei der auf den Landkarten verzeichneten Region »Shangri-La« im äußersten Südwesten Chinas keineswegs um eine Fiktion handelt. Eigentlich trägt die Region einen anderen Namen, aber als sich alle Welt in das mythische »Shangri-La« verliebte – jenes utopistische Idyll aus dem Roman *Der verlorene Horizont*, irgendwo im Himalaya, behaupteten einige Gemeinden, das echte Shangri-La zu sein, und baten Peking um eine Namensänderung. Warum diese Ehre schließlich diesem hinreißenden Landstrich in Yunnan verliehen wurde, versteht man auf der Stelle, wenn sich vor einem die Silhouette des Himalaya erhebt.

Grüne, nebelverhangene Berge, Yaks am Flussufer und uralte buddhistische Klöster mit flatternden bunten Fahnen – eine Inkarnation von James Hiltons literarischer Utopie.

Einen überwältigenden Eindruck gewährt ein Spaziergang am Ufer des kristallklaren Bita-Sees. Der höchstgelegene See in Yunnan wird auch »Perle des Hochlands« genannt. Halten Sie

Oben links: Vor den Restaurants in Lijiangs Altstadt hängen rote Laternen. *Oben Mitte:* Abendliches Lagerfeuer im Banyan Tree Ringha. *Oben rechts:* Der Songzanlin-Tempel (auch Ganden-Sumtseling-Kloster genannt) ist ein Kloster des tibetischen Buddhismus in Shangri-La. *Gegenüber:* Die laternenbeschienenen Kanäle von Lijiang in der Abenddämmerung.

Augen und Ohren offen, um *Muntjaks* zu entdecken, reizende kleine, dünnbeinige Geschöpfe, die – aus gutem Grund – auch »bellende Hirsche« genannt werden. Besuchen Sie dann das Songzanlin-Kloster aus dem 17. Jahrhundert, Yunnans größtes Zentrum des tibetischen Buddhismus und eine architektonische Hommage an den Potala-Palast. Wenn Sie unternehmungslustig sind, fahren Sie ein paar Stunden Richtung Norden vorbei an Dörfern und spektakulären Kalksteinformationen zum Baima-Bergpass in ein alpines Wunderland mit unberührten Wäldern, Affen und (im Sommer) Azaleen in Hülle und Fülle.

Und Yunnan hat noch zahllose andere optische und kulturelle Highlights zu bieten. In der Provinz lebt eine bunte Mischung ethnischer Minderheiten, deshalb lernt man auf einer Reise durch die Region die unterschiedlichsten Küchen und Sprachen kennen, außerdem die piktografische Dongba-Schrift der Naxi und die faszinierende Tracht der Yi-Frauen mit ihren satellitenschüsselgroßen schwarzen Hüten.

Nicht minder erstaunlich sind Yunnans Landschaften. Wandern Sie durch die Tigersprung-Schlucht, einen der tiefsten Fluss-Canyons der Welt. Bestaunen Sie die Spiegelung des Jadedrachen-Schneegebirges im Schwarzer-Drachen-Teich, der im 18. Jahrhundert im Park der Jadequelle angelegt wurde. Reiten Sie auf einer geführten Yak-Tour über die Weißwasser-Terrassen. Und bewundern Sie die eleganten Biegungen des Jangtsekiang, der in atemberaubenden Schleifen zwischen grünen Weiden und steilen Bergen hindurchfließt, vorbei an alten, traditionellen Häusern.

Neben all diesen Naturgenüssen sollten Sie auch die Kanäle und Brücken sowie das quirlige Nachtleben der UNESCO-Weltkulturerbestadt Lijiang erkunden. Das bunte Partytreiben entspricht vielleicht nicht unbedingt der literarischen Vorstellung vom paradiesischen, fiktiven Ort »Shangri-La«, ist aber definitiv unterhaltsam. Eine Art Paradies für *Glee*-Fans.

Im Park der Jadequelle sitzt man am Schwarzer-Drachen-Teich beim Bestaunen des Jadedrachen-Schneegebirges in der ersten Reihe.

Gegenüber: Eine Frau bei der Ernte in der chinesischen Region Shangri-La. *Oben:* Gästezimmer im tibetischen Spa des Banyan Tree Ringha.

REISEPLANUNG

ÜBERNACHTEN • Das Banyan Tree Ringha gehört zu den von National Geographic als Unique Lodges gelisteten Unterkünften und wurde einem tibetischen Bauerndorf nachempfunden – ein passendes Motto, da sich das Himalaya-Resort in einem von Tibetern bewohnten Gebiet Yunnans befindet. Hier wurde der Bauernhaus-Standard jedoch dezent aufgerüstet: z. B. mit Kissen nach Wahl und Badewannen im Spa-Format. Doch das dörfliche Flair ist noch zu spüren, insbesondere, wenn bunt gekleidete Yak-Hirten mit ihren Tieren durch das Anwesen zum Fluss marschieren. *banyantree.com*

ESSEN • Das Restaurant Nr. 1 in der Altstadt Shu He serviert lokale, panasiatische und Naxi-Küche aus marktfrischen Produkten. Das Lokal in einem alten Haus mit Terrasse und blumengeschmücktem Hof ist schwer zu finden, aber das Umherirren durch die Altstadt steigert die Vorfreude. *4–14 Renli Road, Gucheng District, Lijiang*

UNTERNEHMUNGEN • Das Highlight unter den Ausflügen, die das Banyan Tree Ringha anbietet, ist der »Shangrila Culture Trek«. Nach einer umwerfenden kleinen Wanderung werden die Teilnehmer in ein Dorfhaus zu selbst gemachtem Yak-Käse und Yak-Buttertee (zu denen die Yaks vor dem Haus die Milch beisteuern) eingeladen. Außerdem stehen unberührte Kiefernwälder und das 800 Jahre alte Kloster Ringha Da Bao Si ganz in der Nähe auf dem Programm.

Der Herbst hüllt die Bäume am Bleder See in Slowenien in leuchtende Farben.

HERBST

ITALIEN

VENEDIG

Elegante Gondeln, glitzernde Kanäle und prächtige Paläste

Heimatstadt Casanovas, rauschende Karnevalsfeste und bereits im Werk Shakespeares Schauplatz leidenschaftlicher Amouren: Willkommen in Venedig, seit jeher der Inbegriff von Romantik und bis heute das Reiseziel verliebter Paare. * Arien singende Gondoliere, aus reifen Pfirsichen gemixte Bellini in Harry's Bar und cremige Cappuccini im altehrwürdigen Caffè Florian am Markusplatz – schon diesen romantischen Klassikern der »Serenissima« kann man nicht widerstehen – aber Venedig hat noch mehr zu bieten. Insbesondere sobald der sommerliche Besucherstrom abnimmt und frische Herbstluft die Stadt durchströmt.

Venedigs Straßen und Kanäle bieten auch abseits der Touristenrouten reichlich Romantik. Machen Sie eine Bootstour durch das Wasser der Lagune auf einem *Vaporetto* und genießen Sie den Blick vom Glockenturm der Kirche San Giorgio Maggiore aus, die zwar unzählige Reisende fotografieren, aber nur wenige besuchen. Oder erleben Sie eine Opernaufführung in den Räumlichkeiten eines venezianischen Palastes. Bei den Veranstaltungen von Musica a Palazzo verfolgt das Publikum die Handlung im wahrsten Sinne des Wortes und wird sogar Teil davon: In *La Traviata* stoßen Sie mit Violetta auf ihr Glück an, wenn sie die Liebe findet. Heben Sie in der romantischsten Stadt der Welt mit der Sängerin das Glas, während sie eine Arie zum Besten gibt.

Oben links: Gönnen Sie sich einen Cappuccino in einem gemütlichen Straßencafé. *Oben Mitte:* Bei Sonnenaufgang ist der Markusplatz mit seinen grandiosen Sehenswürdigkeiten noch angenehm leer. *Oben rechts:* Fahren Sie im Boot durch die Kanäle der venezianischen Insel Burano, die von bunt gestrichenen Fischerhäusern gesäumt sind.

Die Aussicht auf den angrenzenden Kanal und die vorbeiziehenden Gondeln gehört bei einem Abendessens in der Osteria da Fiore mit dazu.

REISEPLANUNG

ÜBERNACHTEN • The Gritti Palace wurde 1475 als Residenz des Dogen von Venedig erbaut und diente später als Wohnsitz des vatikanischen Botschafters, seit 1895 verwöhnte er als Luxushotel bereits illustre Gäste wie Bogart, Bacall, Chaplin, Springsteen oder Jagger. Einige Zimmer haben Blick auf den Canal Grande (bei der Buchung erfragen!). *thegrittipalace.com*

ESSEN • In der Osteria Da Fiore blickt man in romantischem Ambiente durch blumenumrankte Fenster direkt auf einen Kanal (reservieren Sie frühzeitig, um einen der zwei Tische ganz am Ende des Raumes zu ergattern). In der Küche werden Köstlichkeiten wie Barsch in Balsamico für Sie zubereitet. *dafiore.net*

UNTERNEHMUNGEN • Venice Kayak bietet Touren für Besucher an, die Venedig vom Wasser aus erkunden möchten – von einer sportlichen Fahrt um die Insel Burano bis hin zu einer abendlichen Kajaktour auf dem Canal Grande. Falls einer von Ihnen Anfänger ist oder Sie nicht genug voneinander bekommen können, mieten Sie sich ein Tandem-Kajak. *venicekayak.com*

USA / KALIFORNIEN

BIG SUR

Felsige Küsten, stille Buchten und einzigartige Wildreservate

Blick vom Julia Pfeiffer Burns State Park auf eine der zahllosen blauen Buchten an der Küste von Big Sur.

Obgleich sich der Zauber des Big Sur (Großen Südens) eigentlich nicht in Worte fassen lässt, haben es zahlreiche faszinierte Schriftsteller versucht – am erfolgreichsten wohl der hier einst ansässige Henry Miller: »Big Sur ist das Kalifornien, von dem die Menschen früher träumten; dies ist der Pazifik, auf den Balboa von den Bergen Dariens hinausblickte … das Gesicht der Erde, wie es der Schöpfer haben wollte.« In der Tat besitzt Big Sur eine urtümliche Schönheit. * Direkt am Pazifik formt das nahezu unberührte Santa-Lucia-Gebirge glitzernd-blaue Buchten. Mammutbäume scheinen bis in die Stratosphäre zu wachsen.

Das Blätterwerk ist teils so dicht, dass die Tageszeit nur zu ahnen ist. Und an der Küste patrouillieren Wale, deren gewaltige Fontänen im goldenen Sonnenschein tanzen.

Hier ist es zwar das ganze Jahr über schier überirdisch schön, am allerschönsten ist es aber im Herbst. Es ist noch immer warm, aber der sommerliche Dunst hat sich aufgelöst, tagsüber zeigt sich der Himmel (meist) sonnig und nachts sternenklar. Hinzu kommen die Tiere. Zu den Blau-, Buckel- und Schwertwalen, die schon seit ein paar Monaten hier sind, gesellen sich Kolibris auf ihrem Zug gen Süden – und Tausende Monarchfalter, die sich im Oktober zu ihrem Gipfeltreffen im Andrew Molera State Park versammeln.

Traditionell bestaunt man all dies auf einer Fahrt die Küste entlang, mit regelmäßigen Stopps an den Aussichtsplätzen und

Kommen Sie rechtzeitig vor Sonnenuntergang ins Restaurant Sierra Mar im Post Ranch Inn, um einen Tisch auf der Terrasse zu ergattern.

vorbei an zahreichen Sehenswürdigkeiten, darunter etwa die Bixby Creek Bridge 20 Kilometer südlich von Carmel, eine 1932 eröffnete Stahlbeton-Bogenbrücke im Stil des Art déco.

Doch auch Wanderungen sind hier äußerst lohnend. Einige Buchten erscheinen von den Klippen aus unzugänglich, sind aber zu Fuß gut zu erreichen. Auf dem Jade Cove Trail beispielsweise haben Sie oben weite Sicht über die Küste, und unten am Strand können Sie nach Jade suchen (ja, an dieser Küste gibt es den grünen Schmuckstein tatsächlich). Oder Sie marschieren auf dem Sand Dollar Beach Trail hinunter zum längsten Sandstrand der Region und gehen dort auf Schatzsuche.

Wanderwege führen auch durch die Wälder. Auf dem Pfeiffer Falls & Valley View Hike im Pfeiffer Big Sur State Park beispielsweise können Sie riesige Mammutbäume und zudem einen Wasserfall bewundern. Wenn Sie noch mehr sehen möchten, wandern Sie weiter zum Aussichtspunkt über die Schlucht des Big Sur River.

Ein hervorragendes Heilmittel für strapazierte Füße sind dann die heißen Quellen am Esalen Institute. Die mineralienreichen Becken sind für ihre grandiose Lage auf einer Klippe über dem Meer und ihre Heilkräfte gleichermaßen bekannt. Badekleidung ist optional, doch wenn Sie deswegen Bedenken haben: Die Becken sind nur im Stockdunklen von ein bis drei Uhr morgens öffentlich zugänglich. Falls Sie sich also,

Die Mammutbaum-Wälder des Big Sur sind tolle Wandergebiete.

ganz im Geiste Henry Millers, für das Adams- oder Evakostüm der frühen Schöpfungsgeschichte entscheiden sollten (also ohne Feigenblatt), wird es vermutlich niemand sehen.

REISEPLANUNG

ÜBERNACHTEN • Im Post Ranch Inn haben Sie in eleganten Cottages auf hohen Klippen den besten Blick auf das Meer. (Mieten Sie sich dort und nicht in einem Baumhaus ein, wenn Sie auf das Wasser schauen möchten.) Eine schier überirdische Aussicht haben Sie auch von Ihrem privaten Whirlpool aus, dennoch lohnt sich auch ein Bad im großen Gemeinschafts-Infinity-Pool, der hoch über dem Pazifik in einer wunderschönen Gartenlandschaft liegt. Es gibt auch mehrere Wanderwege und eine Spa-Suite für Paare mit Blick auf einen Mammutbaum-Wald. *postranchinn.com*

ESSEN • Das beliebte Restaurant Nepenthe steht in nächster Nähe zum Highway auf einer Klippe über dem Meer. Hier gibt es legendäre Burger und eine noch legendärere Aussicht, deren Stars das Santa-Lucia-Gebirge und gelegentlich vorbeiziehende Wale sind. *nepenthebigsur.com*

UNTERNEHMUNGEN • 40 Kilometer nördlich verläuft an der Küste Kaliforniens weltberühmter 17–Mile Drive. Die in den 1880er-Jahren eröffnete Straße diente einst als Panorama-Kutschen-Route für die wohlhabenden Gäste vom Hotel Del Monte in Monterey. Heute kann jeder für rund zehn US-Dollar Mautgebühr die Attraktionen entlang der Straße bewundern, darunter berühmte Golfplätze und Villen, sowie wildromantische Naturwunder wie die alte Lone Cypress, den Pebble Beach, den Del Monte Forest oder den Bird Rock. Lohnenswert ist auch ein Bummel durch das charmante Küstenstädtchen Pacific Grove.

INDIEN

KERALA

Schaukelnde Hausboote, Tee-Plantagen und uralte Mythen

Einer Überlieferung nach entstand Kerala, als Parashurama (eine Inkarnation des hinduistischen Gottes Vishnu), seine Axt in das anrückende Meer warf und es dadurch in festen Boden verwandelte. Und bald nach Ihrer Ankunft werden Sie verstehen, warum in dieser Landschaft uralte Schöpfungsmythen so lebendig sind, denn der vom Arabischen Meer und den Westghats flankierte Bundesstaat im Südwesten Indiens gleicht mit einem Netz aus knapp 50 Flüssen, dichten Urwäldern und Kokosplantagen unbestreitbar einer göttlichen Spielwiese. * Der fruchtbare Landstrich wurde zu einem bedeutenden Zentrum an der Gewürzstraße, die von Asien über Afrika nach Europa verlief.

Noch heute bekommt man in Kerala einige der aromatischsten und köstlichsten Würzmittel von ganz Indien. Schwarzer Pfeffer, Zimt, Gewürznelken und Chili spielen in vielen regionalen Gerichten eine Rolle. Suchtpotenzial besitzt aber auch der süße, nur mild gewürzte Reispudding *payasam* (vom Hindi-Wort für »Ambrosia« abgeleitet), den jedes Lokal hier anders zubereitet. Die mit Gewürzen nicht geizende indische Küche Keralas gilt auch als Wiege des Ayurveda. Diese international beliebte Heilkunst verwendet von Zimt bis Kokosnuss praktisch jede regionale Zutat. Ayurvedische Anwendungen (beispielsweise eine

Oben links: Eine Muskatnuss von der Philipkutty's Farm in den Backwaters von Kerala. *Oben Mitte:* Mutter und Tochter in Saris. *Oben rechts:* Auf Keralas Freiluftmärkten gibt es Bananen und andere frische Früchte. *Gegenüber:* Hausboote auf Keralas Backwaters im Hinterland der Malabarküste bieten höchsten Komfort.

Ölmassage, bei der warmes Öl über Ihre Stirn (Ihr »drittes Auge«) gegossen wird.

Gebührlich erquickt starten Sie nun in die Backwaters – auf einem der umgebauten traditionellen Reiskähne, die früher in der hiesigen Landwirtschaft eine Schlüsselrolle spielten. Auf der Tour erkunden Sie ein Labyrinth aus smaragdgrünen Wasserwegen, von Palmen und malerischen Dörfern gesäumt. Höchste Romantik verspricht eine Übernachtung in dieser surrealen Kulisse (siehe UNTERNEHMUNGEN).

Zurück auf festem Boden entdecken Sie Keralas Tee-Plantagen. Die nebligen, wogenden grünen Meere der berühmten Hill Stations in den Westghats, in denen Wasserfälle rauschen, sind ein Fest für alle Sinne. Probieren Sie also unbedingt die lokalen Erzeugnisse und nehmen Sie dazu den Marsch zur knapp 2500 Meter hoch gelegenen Kolukkamali Tea Estate bei Munnar auf sich. Sie ist nicht nur die höchstgelegene Bio-Teeplantage der Welt, sondern vermutlich eine der schönsten.

Nicht minder atemberaubend sind die hiesigen Städte – nicht zuletzt Kochi (oder Cochin), dank seiner Lage an der alten Gewürzstraße ein magischer Schmelztiegel der Kulturen mit beeindruckenden historischen jüdischen Gebäuden (die kristallgeschmückte Paradesi-Synagoge ist die älteste noch genutzte Synagoge in ganz Indien). Spuren haben auch Portugiesen, Niederländer und Briten in Form schöner Kolonialarchitektur hinterlassen. Und auf die Chinesen geht ein – vor allem bei Sonnenuntergang – besonders romantischer Anblick zurück: traditionelle Fischernetze, die auf hölzerne Pfahlkonstruktionen gespannt sind.

In Kochi sollten Sie eine Aufführung im Kerala Kathakali Centre besuchen. Kommen Sie früh, damit Sie sehen, wie sich die Darsteller in kunstvoll kostümierte Figuren verwandeln und in traditionellen dramaturgischen Tänzen agieren. Wie es sich für eine Show in einem von Vishnu eigens geschaffenen Land gehört, basiert die Handlung auf heiligen Mythen. Danach gibt es vielleicht noch eine Fotosession mit einem Darsteller in der Maske einer indischen Gottheit.

Die chinesischen Fischernetze an den Piers von Kochi bei Sonnenuntergang sind ein magischer Anblick.

Gegenüber: Die »Deluxe Allure Suite« im Vivanta by Taj – Kumarakom. *Oben:* Teeplantagen bedecken die Landschaft um Munnar.

REISEPLANUNG

ÜBERNACHTEN • Die Räumlichkeiten des Hotels Vivanta by Taj – Kumarakom befinden sich in einem 150 Jahre alten Missionarshaus am grünen Ufer des Vembanad Sees. Ein Highlight ist hier der Anblick der zahlreichen Lichter, die nach und nach entzündet werden, bis das ganze Anwesen zu flackern scheint. Ebenso magisch sind eine Behandlung im Ayurveda-Spa und die Übernachtung in einer »Premium Temptation Villa« mit eigenem Pool, Jacuzzi-Whirlpool, Freiluftdusche und Kerala-Korbschaukel aus Kokosbast. *vivanta.tajhotels.com*

ESSEN • Im Menorah, dem stimmungsvollen Restaurant in Kochis Heritage-Boutique-Hotel Koderhouse, speisten schon Premierminister, Vizekönige, Botschafter, Nobelpreisträger und Hollywoodstars. In Anspielung auf die prominente jüdische Familie, die hier einst wohnte, stehen auf der Speisekarte südindische jüdische Spezialitäten wie üppig gewürztes Huhn und eine spezielle *Payasam*-Variante. *koderhouse.com*

UNTERNEHMUNGEN • Machen Sie in einem luxuriösen Taj-Hausboot eine Kreuzfahrt in die Backwaters, inklusive eigenem Koch.

NAHER OSTEN

ISRAEL UND JORDANIEN

Biblische Landschaften, antike Karawanenstädte und Beduinenzelte

Blick auf das extrem salzhaltige Tote Meer in Israel.

Romantik von wahrhaft biblischem Ausmaß erwartet Sie im südlichen Israel und in Jordanien. Die spektakulären Wüstenlandschaften, die im Kino oft als Marskulissen dienten, wirken wie nicht von dieser Welt – egal, welcher Religionsgemeinschaft man angehört. Über den Grenzübergang, der auf israelischer Seite Yitzhak Rabin Terminal und auf jordanischer Wadi Araba heißt, können Sie problemlos ein- und ausreisen und eine Region erkunden, die Sie aus biblischen Geschichten kennen. Im Naturschutzgebiet En Gedi war es vermutlich, wo sich rund 3000 Jahre vor Ihnen König David in Höhlen verstecken musste und so reihen Sie sich ein in eine illustre, jahrtausendealte Besucherliste.

Wandern Sie andächtig durch die schöne Oase, in der ein von Bäumen gesäumter Fluss, Wasserfälle und natürliche Wasserbassins grüne Kontraste in den Staub der Wüste zeichnen. In den frühen Erwähnungen des Toten Meeres im Alten Testament wird nicht behandelt, wie man sich darin am besten treiben lässt. Nachfolgende Generationen haben jedoch herausgefunden, dass man sich, ehe man in dieser 428 Meter unterhalb des Meeresspiegels gelegenen hypersalinen Lösung badet, mindestens zwei Tage lang nicht rasieren sollte. Dann können Sie stundenlang auf der Wasseroberfläche treiben, ohne dass das Salz auf der Haut brennt. Um die therapeutische Wirkung zu verstärken, bieten die Resorts am Ufer Schlamm zum Einreiben an. Dieses Verwöhnprogramm wird durch den Anblick des Meeres noch verstärkt, dessen Oberfläche überirdisch in gläsernem weißlichem Blau erstrahlt – besonders, wenn die Sonne auf- oder untergeht, was Sie beides nicht verpassen sollten.

Das Beresheet Hotel ist mit großen Zimmern, weitem Blick und Pool eine luxuriöse Wüstenoase.

Unbedingt sehen sollten Sie auch den Sonnenaufgang von Masada aus, der Festung von König Herodes. Kommen Sie mindestens eine Stunde vor der Morgendämmerung an den Fuß der Festung und steigen Sie hinauf auf dem kurvigen 400 Meter langen Serpentinenpfad. Oben angekommen erleben Sie ein Schauspiel, in dessen Verlauf sich das Tote Meer vor einem schier endlosen Wüstenpanorama rosa färbt. Die Ruinen, die Sie im Anschluss erkunden, wirken ebenfalls überirdisch, insbesondere die fantastisch ausgeleuchtete große Zisterne.

Ein anderes Relikt aus biblischen Tagen, nämlich ein raffiniertes, jahrtausendealtes Bewässerungssystem, begleitet Sie auf einer Verkostungstour die Negev-Weinroute entlang. Als Stopps bieten sich unter anderem Yatir, Kadesh Barnea und das Weingut Sde Boker an. Schließlich fahren Sie ins Grenzgebiet von Eilat und Aqaba, wo das Rote Meer Schnorchler, Taucher und Badegäste anlockt. Nachdem Sie dort Ihren Spaß hatten, erwartet Sie in Jordanien noch eines der außergewöhnlichsten Kulturdenkmäler der Welt: die antike Felsenstadt Petra.

Dieses architektonische Meisterwerk – Hunderte verlassener Tempel, Gräber und Klöster, in rosa Sandsteinfelsen gehauen und von Bergen umgeben – war einst eine Karawanenstadt der Nabatäer und ein Knotenpunkt der Weihrauchstraße. In den verschachtelten Gassen und Ruinen Petras können Sie gut und gern einen ganzen Tag verbringen. Ultimative Romantik bietet Petra jedoch montags, mittwochs und donnerstags am Abend, wenn 1500 Kerzen das antike Schatzhaus beleuchten – diesen Anblick werden Sie so schnell nicht vergessen. Und glauben Sie uns: An dieses Erlebnis werden Sie sich noch an Ihrer Goldenen Hochzeit erinnern.

Kerzen beleuchten drei mal wöchentlich das Schatzhaus von Petra.

REISEPLANUNG

ÜBERNACHTEN • Das Beresheet Hotel überblickt den Machtesch Ramon, eine gewaltige, kraterähnliche Vertiefung in der Wüste Negev. Wer hier übernachtet, fühlt sich, als befände er sich mutterseelenallein am Ende der Welt – mit Ausnahme vereinzelter Steinböcke oder Gazellen. Buchen Sie ein Zimmer mit Kraterblick, Balkon oder eigenem Pool, um diesen Effekt noch zu verstärken – wenngleich die Aussicht vom Hotelpool kaum zu toppen ist. *isrotel.com/beresheet*

ESSEN • Mit ihren rund 2000 Jahren ist die Cave Bar im Petra Guesthouse nach eigener Aussage die älteste Bar der Welt. Das romantische Lokal in der antiken Ruinenstadt ist seit seiner Zeit als nabatäisches Felsengrab aufgemöbelt worden und bietet stimmungsvoll beleuchtete Nischen, Drinks sowie lokale Spezialitäten und Post-Petra-Karawanenkost wie Falafel und Kartoffelspalten. *guesthouse-petra.com*

UNTERNEHMUNGEN • Machen Sie per Jeep, Pferd oder Kamel einen Ausflug in das südjordanische Wadi Rum, das dank seiner imposanten Felswände als Kulisse für Filme wie *Lawrence von Arabien* oder *Der Marsianer* diente. Dieses märchenhafte Wüstental, ein »Tal des Mondes« mit steilen Sandstein- und Granitfelsen, wird Sie zugleich einschüchtern und begeistern. Nach der Tour können Sie vor Beduinenzelten Tee trinken und das glitzernde Sternenmeer bewundern.

FRANKREICH

BURGUND

Herrliche Weinberge, romanische Kirchen und alte Châteaus

»O gesegnetes Burgund … es wäre wohl würdig, Mutter der Menschheit genannt zu werden, fließt doch durch seine Adern besondere Milch.« So schwärmte im 15. Jahrhundert der Priester und Theologe Erasmus von Rotterdam, der bekanntermaßen nicht zu Übertreibungen neigte. Die Region im Zentrum Frankreichs ist in der Tat ein himmlischer Ort, um Wein zu trinken. * Im Besonderen auf der Route des Grands Crus. Rund 60 Kilometer führt die Route der edlen Weine durch Städte und Dörfer, in denen sich Wegweiser wie Werbetafeln berühmter Weinproduzenten lesen: Chambolle-Musigny, Vosne-Romanée, Nuits-Saint-Georges …

Wenig überraschend ist hier zur Zeit der Weinlese am meisten los. Obwohl die Winzer mit der Traubenernte alle Hände voll zu tun haben, bieten sie oft auch Weinproben an. Achten Sie einfach unterwegs auf Hinweisschilder für »dégustation de vin« oder auf die Schilder mit Weinflaschen auf einem Fass – quasi Winzer-Stenografie. Ein paar empfehlenswerte »Pflicht«-Stopps: das Château de Corton-André und dessen Weinkeller, die Maison Joseph Drouhin, in deren Gästebuch sich Thomas Jefferson eintrug; und das Château de Santenay, in dem einst Philipp der Kühne, Sohn von König Johann dem Guten, wohnte.

Oben links: Angebote für Weinproben findet man überall im Burgund. *Oben Mitte:* Genießen Sie die reizvolle Landschaft auf einer Radtour entlang der Kanäle beim Dorf Saint-Victor-sur-Ouche. *Oben rechts:* In der Erntezeit können Sie bei der Weinlese zuschauen. *Gegenüber:* Ein gemütliches Straßencafé an der Place de la Libération in Dijon bietet sich für eine Pause an.

Herbstliche Farben zieren die Weinberge über Pernand-Vergelesses.

Die Weinproben am Wegesrand sind köstlich, trotzdem sollten Sie auch mindestens ein Erntefest besuchen, um sämtliche Freuden der Region – Musik, Essen, Wein, das volle Programm – zu genießen. Während der Saison finden sich zahlreiche verlockende Optionen, ein ganz besonderes Erlebnis ist jedoch das Festival Les Trois Glorieuses (Drei Glorien) im November. Es findet im mittelalterlichen Beaune anlässlich der großen (angeblich weltweit ältesten) Weinauktion statt, zum Programm gehören Winzeressen, Kellerführungen und – wenn der Wein die Zunge gelockert hat – Gesang.

Auch wenn Sie nicht zum Festival anreisen, sollten Sie auf jeden Fall den Schauplatz der Weinauktion besuchen: die Hospices de Beaune, ein zum Museum umfunktioniertes Hospital aus dem 15. Jahrhundert. Mit seinen unzähligen Schätzen im Inneren können nur die Schönheiten auf dem Dach konkurrieren. Die bunten Schindelmuster gehören zu den prächtigsten der Region. Ähnlich hübsche Dächer werden Sie auf vielen Weinschlössern sehen (beispielsweise dem Château de Corton André). Innen gilt es noch das breite Gewölbe über dem prächtigen Saal aus dem 15. Jahrhundert zu bewundern. In jeden der freiliegenden Balken sind Karikaturen von Beaunes prominentesten Bewohnern geschnitzt.

Zu der langen Weintradition Burgunds kommt seit Jahren eine wachsende Feinschmeckerszene hinzu, die es durchaus mit den edlen Tropfen aufnehmen kann und ihr Zentrum in Dijon hat. Sorgen Sie dort mit einer Tour durch den opulenten Herzogspalast, die gotische Kathedrale und das schöne ehemalige Kartäuserkloster Chartreuse de Champmol für ordentlichen Hunger, um dann mit gebührender Hingabe ausgiebig zu schlemmen (siehe ESSEN).

Dem Hüftgold kann man in der Radlerhochburg Burgund mit einer Tour zu Leibe rücken – vor allem an kühlen klaren Herbsttagen. Sie haben die Wahl zwischen insgesamt hunderte Kilometer langen Fahrradwegen, und zahlreichen Routen, die sich durch die Weinberge von Côte de Nuits und Côte de Beaune schlängeln – für den Fall, dass durch Ihre Adern noch nicht genügend »Muttermilch« fließt, um bei Erasmus zu bleiben.

Gegenüber: Eine Hommage an die Liebe im Hotel Abbaye de la Bussière. *Oben:* Der Herzogspalast an der Place de la Libération in Dijon.

REISEPLANUNG

ÜBERNACHTEN • Die Abbaye de la Bussière in einem ländlich gelegenen ehemaligen Kloster aus dem 12. Jahrhundert, wirkt mehr wie ein Palast denn wie eine Abtei. Den Garten schmücken Weiden sowie ein Zierteich und sogar Zwergponys gibt es hier. Die Gästezimmer stehen dieser Pracht mit Gewölbedecken, Kristalllüstern, reichlich Toile-Stoffen und Whirlpools in nichts nach. *abbayedelabussiere.fr*

ESSEN • Das Restaurant La Maison des Cariatides in Dijons Altstadt wurde nach den weiblichen Figuren an der Fassade benannt. In dem Sternerestaurant in einem Weinhändlerhaus aus dem 17. Jahrhundert serviert die kleine offene Küche zwischen sanft beleuchteten Steinmauern ein täglich wechselndes Degustationsmenü aus frischen lokalen Produkten und internationalen Elementen. *lamaisondescariatides.fr*

UNTERNEHMUNGEN • Schippern Sie drei oder sogar sieben Tage lang auf dem ländlichen Canal de Bourgogne. Chartern Sie ein eigenes Boot, sodass Sie anhalten, spazieren gehen, Fahrrad fahren und einkehren können, wo Sie wollen. Ohne an Land gehen zu müssen, sehen Sie die Abtei Fontenay sowie Bussy, Tanlay, Ancy le Franc und andere Châteaus. *hotelsafloat.com*

TSCHECHISCHE REPUBLIK

PRAG

Goldene Türme, virtuose Konzerte und Moldaubrücken

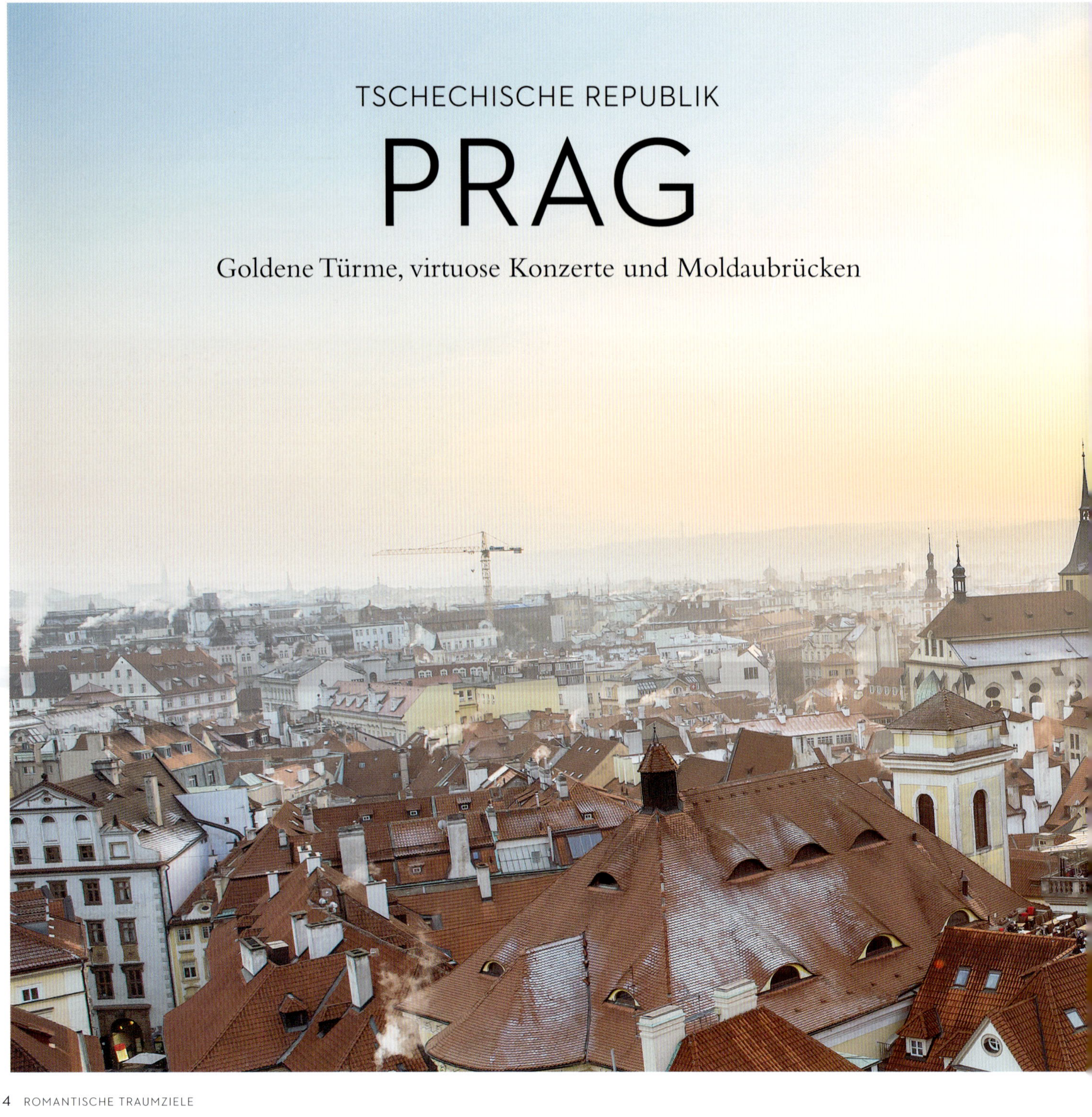

Die Dächer der Goldenen Stadt erstrahlen im abendlichen Lichterglanz.

Als wäre die »Goldene Stadt der hundert Türme« nicht schon an sich romantisch genug: Wenn das berühmte Herbstlicht – der tief stehenden Sonne geschuldet – Prag in noch mehr goldenen Schimmer taucht, beginnt die Konzertsaison, die die Anzahl der Musikveranstaltungen in unvorstellbare Höhen treibt. Angefangen mit dem Dvořák-Musikfestival. Der Komponist aus dem 19. Jahrhundert ist ein berühmter Sohn der Stadt, wird nach wie vor als Held der Romantik verehrt und im September mit Konzerten seiner Werke wie auch von Kompositionen seiner Zeitgenossen und Schüler gefeiert. * Von September bis November dauert das Struny-podzimu-Festival (Saiten des Herbstes). Bei dieser genreübergreifenden Konzertreihe traten schon Jazzsänger Bobby McFerrin und Chansonsängerin Ute Lemper auf.

Von Anfang Oktober bis Anfang November steigt das International Jazz Festival Praha, eines der ältesten des Landes. Zu den Hauptacts gehörten bereits Louis Armstrong und das Duke Ellington Orchestra. Ganzjährig wird Mozart, der aufgrund seiner Liebe zu Prag zu den Lokalfavoriten zählt, an diversen Orten aufgeführt. So beispielsweise im Ständetheater, in dem der Komponist im Oktober 1787 die Uraufführung seines *Don Giovanni* dirigierte. Die Oper ist nach wie vor eine feste Größe im Programm des Theaters, ebenso wie Mozarts beliebte Opera buffa *Die Hochzeit des Figaro* und andere Klassiker.

Die Zimmer im Four Seasons Prague laden Verliebte zum Kuscheln ein.

Noch mehr Prag-Romantik bietet Mozarts *38. Sinfonie*, und die Chancen, sie während Ihres Besuches in der Stadt zu hören, stehen gut – informieren Sie sich in Konzertbroschüren an Kiosken und an Anschlagtafeln.

Auch Prags bildende Kunst beginnt im Herbst zu leuchten – in einem Fall sogar buchstäblich. An mehreren Abenden im Oktober erscheinen etliche Wahrzeichen der Stadt in ganz neuem Licht, wenn sie für das Signal Festival bunt erleuchtet werden. Bei einem Bummel durch die Altstadt am Fluss können Sie die Show bestaunen. Ebenfalls im Oktober bietet das 4–Days-in-motion-Festival eine zeitgenössische Mischung aus Videokunst, Contemporary-Art und unterschiedlichsten visuellen und szenischen Kunstformen.

Eine der schönsten Attraktionen der Stadt bedarf jedoch keiner Inszenierung. Im Oktober tragen die Bäume ihr schönstes Laubkleid, und der Petřín-Hügel – mit 327 Metern Prags höchste Erhebung – ist der beste Aussichtspunkt (und nicht zufällig Treffpunkt zum Knutschen). Der fast vollständig von Parks bewachsene Hügel am linken Moldauufer ist ein Lieblingsort der Prager. Wer zu Fuß oder mit der Standseilbahn den Hügel erklimmt, wird mit strahlender Farbenpracht aus Kupferrot, Purpur und Gelb in der Tiefe belohnt.

Oder Sie geben sich Romantik pur bei einem Spaziergang über die Karlsbrücke aus dem 15. Jahrhundert, die mehr als stimmungsvoll ist: Die Statue des Heiligen Nepomuk auf der Brücke soll Herzenswünsche wahr werden lassen und sie ist leicht zu erkennen: Stellen im Relief am Sockel, die Millionen von Bittstellerhänden glatt poliert haben, glänzen im Herbstlicht wie pures Gold.

Feinste Genüsse erwarten Sie im Restaurant Terasa U Zlaté Studne.

REISEPLANUNG

ÜBERNACHTEN • Das Hotel Four Seasons Prague residiert in drei umgestalteten historischen Gebäuden aus Barock, Neoklassizismus und Neorenaissance in der Altstadt. Neben grandioser Architektur und Luxuszimmern bietet es eine herrliche Aussicht. Fragen Sie nach einem »Premier River Room« oder einer Suite zum Fluss, um den Blick über Moldau, Prager Kleinseite, Karlsbrücke oder Burg zu genießen. In der »Presidential« und »Premier Suite« haben Sie freie Sicht auf das komplette Panorama. *fourseasons.com*

ESSEN • Das Restaurant Terasa U Zlaté studne wurde 1528 auf einem Hügel nahe der Burg erbaut. Beim Blick über die Dächer der Stadt bleibt einem der Mund offen stehen – was das Essen eventuell erschweren könnte, und daher schade wäre. Schließlich hat das Restaurant für Köstlichkeiten wie Angussteak mit Foie gras, getrüffeltem Kartoffelpüree und einer Sauce aus Baron-Philippe-de-Rothschild-Sauternes einige Preise eingeheimst. *goldenwell.cz/dining-en.html*

UNTERNEHMUNGEN • Erleben Sie Herbstfarben ganz anderer Art nach Sonnenuntergang bei einer Flussfahrt durch das wunderbar beleuchtete nächtliche Prag. Oder genießen Sie den Blick auf die strahlende Prager Burg von der Karlsbrücke aus.

ITALIEN

TOSKANA

Lauschige Olivenhaine, charmante Dörfer
und die Wiege der Renaissance

Die Hügel der Toskana verschwimmen in der Abenddämmerung.

Sollten Sie Literaturgeschichte studieren, werden Sie bald feststellen, dass die meisten romantischen Werke einen Helden und eine Heldin besitzen. In E. M. Forsters *Zimmer mit Aussicht* hingegen gibt es noch einen dritten Protagonisten: Florenz, die Hauptstadt der Toskana. Lucy Honeychurch, vielleicht Forsters berühmteste Heldin, vergleicht die Kunstmetropole sogar mit einer anderen Frau: »Was steckt hinter ihrer Schönheit, das man auf Anhieb nicht erkennet? Vielleicht die Macht, Leidenschaften zu entfachen ... und sie rasch zu stillen?« * Die Antwort lautet natürlich: Ja. Und diese Macht durchdringt die sagenhafte Stadt der Lilien.

Straßencafé in der italienischen Kleinstadt Pietrasanta.

Aber auch die toskanischen Landschaften, die sie umgeben – besonders eindrucksvoll im Herbst, wenn die Ernte in vollem Gange ist. Nehmen Sie sich einige Tage Zeit, um die ganze Bandbreite toskanischer Freuden zu genießen.

Einer der schönsten Orte in Florenz für einen sonnigen Herbsttag ist der Boboli-Garten hinter dem Renaissance-Palast Palazzo Pitti – einst Wohnsitz der Medici, später Residenz der toskanischen Herzöge und des Königs von Italien. In dem im 16. Jahrhundert angelegten Park tummeln sich noch heute römische Statuen, manieristische Skulpturen sowie fantasievolle Brunnen und Grotten, die zu romantischen Küssen animieren. Ein besonders intimes Fleckchen, um – wie Lucy Honeychurch es formulieren würde – die Leidenschaften zu entfachen, sind die überwucherten Passagen zwischen Porta Romana und Hügelkuppe.

REISEPLANUNG

ÜBERNACHTEN Das Castello di Casole ist ein Timbers Resort. Das über 1000 Jahre alte Anwesen liegt auf einem Hügel und bietet 1700 Hektar voller Olivenhaine, Weinreben, Zypressenalleen – und romantischer Geschichten. Das Castello war lange ein Refugium für politisch Verbannte und Aristokraten aus Siena, später kaufte es der italienische Regisseur Luchino Visconti, der unter anderem Elizabeth Taylor hierher einlud. Einfacherer Natur sind die Freuden der Toskana bei der Wein- und Olivenernte im September, bei der Sie sich selbst die Hände schmutzig machen und mithelfen können. Aber bedenken Sie, dass die Wintersaison hier früh einsetzt – das Hotel schließt, wie die meisten Unterkünfte in der ländlichen Toskana, im November. *castellodicasole.com*

Uralte Bogengänge führen auf die Piazza dell'Anfiteatro in Lucca.

Das Castello di Casole bietet eine grandiose Aussicht über die Hügellandschaft der Toskana.

In Oltrarno – dem Stadtteil auf der weniger quirligen Seite des Arno – sollten Sie unbedingt auch dem Lieblingsplatz der Ansichtskarten-Fotografen einen Besuch abstatten: dem prächtigen, hoch gelegenen Piazzale Michelangelo mit einer Bronzekopie des David. Von hier hat man einen grandiosen Blick auf Santa Croce, Michelangelos letzte Ruhestätte, sowie auf die berühmten Uffizien, den prächtig verkleideten *duomo* (die Kathedrale Santa Maria del Fiore), die uralte Brücke Ponte Vecchio sowie auf die Hügel am Nordrand der Stadt.

Dort oben sollten Sie auch auf jeden Fall die traumhafte Basilika San Miniato al Monte aus dem 11. Jahrhundert besichtigen, eine der schönsten romanischen Kirchen Italiens. Auf dem Friedhof finden Sie den Grabstein von keinem Geringeren als Carlo Lorenzini, alias Carlo Collodi, dem literarischen Schöpfer von *Pinocchio*.

Zurück am anderen Arno-Ufer steigen Sie – nach der obligatorischen Runde zu den beliebten Attraktionen (Accademia, Uffizien, Santa Croce und Ponte Vecchio) – zur roten Kuppel des Doms hinauf (entworfen von Filippo Brunelleschi). Dort empfängt Sie ein wahrlich göttlicher Blick über die Stadt. Bummeln Sie dann am Fluss entlang, bis Sie den perfekten Platz für den Sonnenuntergang gefunden haben – idealerweise an einer der alten Brücken der Stadt.

Diese Schönheit kann zu Tränen zu rühren, insbesondere dann, wenn man sie bald wieder verlassen muss. Doch wer sich aufmacht, das Land zu erkunden, wird reich belohnt – beispielsweise mit den berühmten heißen Quellen Terme di Saturnia, die nach dem römischen Gott des Ackerbaus benannt sind – kein Wunder, angesichts der herrlichen Weine der Region.

REISEPLANUNG

ESSEN Il Palagio ist ein Luxusrestaurant in Florenz. Unter prächtigen Gewölbedecken und Kristalllüstern des Palazzo della Gherardesca genießt man Sterneküche, beispielsweise Wolfsbarschfilet mit Olivenkruste und Sahneartischocken, die besten regionalen Weine und den Blick auf den herrlichen Garten. *ilpalagioristorante.it*

Blick vom Piazzale Michelangelo in Florenz auf den Ponte Vecchio, auf dem sich kleine Läden aneinanderreihen.

Besuchen Sie die terrassierten Cascate del Mulino (Sinterbecken bei einer alten Mühle), die sowohl für ihre Lage als auch für ihr warmes Wasser berühmt sind. Ähnlich wunderbare Badefreuden bieten die weiß schimmernden Fosso-Bianco-Becken in Bagni San Filippo.

Die Toskana wartet mit weiteren romantischen Highlights auf – zum Beispiel der Aufführung einer Puccini-Oper in Lucca, der Heimatstadt des Komponisten. Im Oktober (und an ein paar Abenden in der ersten Novemberwoche) wird hier im Rahmen des Puccini-Festivals allabendlich seine Musik aufgeführt, großteils in der geschichtsträchtigen Basilika San Giovanni, in der Puccini getauft wurde.

Sicherlich möchten Sie auch die berühmten Weinberge der Toskana erkunden – vielleicht sogar zu Pferde. Ausritte führen nicht nur zu Weinbergen und Verkostungen, sondern auch durch male-

REISEPLANUNG

UNTERNEHMUNGEN Kreieren Sie doch ein eigenes trinkbares Souvenir: Bei »Winemaker for a Day« in Radda probieren Sie mehrere Weine direkt vom Fass, ehe Sie in einem alten Raum voller Hightech-Geräte edle Tropfen mischen, bis Sie einen Wein gefunden haben, der Ihnen beiden schmeckt. Ihre Kreation wird in Flaschen gefüllt, etikettiert und nach vier Wochen Reifung zu Ihnen nach Hause geschickt. *monterinaldi.it*

rische Olivenhaine, Hügeldörfer, zu mittelalterlichen Burgen und ländlichen Kirchen. Und wenn Sie früh genug im Herbst hier sind, können Sie sogar bei der Weinlese mithelfen (siehe ÜBERNACHTEN).

Wein und Romantik gehen auch in der Enoteca Italiana eine besonders enge Verbindung ein. Sie befindet sich im mittelalterlichen Siena, im umgebauten Keller und Verlies einer ehemaligen Medici-Festung. Das Weinparadies mit Bar, Laden und Restaurant bietet regelmäßig Sommelierkurse an. Mit mehr als 1500 Flaschen ist nahezu jeder italienische Wein vertreten – bringen Sie also Durst mit.

Besichtigen Sie auch unbedingt den schwarz-weiß gestreiften Dom von Siena und ein paar der prächtigen Palazzi: Gute Startpunkte sind etwa der Palazzo Tolomei und der Palazzo Pubblico aus dem 13. Jahrhundert. Nicht zu vergessen die zentrale Piazza del Campo, die zum UNESCO-Welterbe gehört und eine beliebte Kulisse für Hochzeitsfotos stellt.

Falls Sie also noch nicht verliebt, verlobt oder verheiratet sind, könnten der Wein, die Hochzeitsfotografen und die romantische Energie der Toskana Ihren Beziehungsstatus ruckzuck ändern.

Bei einer Rollerfahrt durch Florenz entdeckt man an den Mauern der Stadt versteckte Kunstwerke.

SÜDASIEN

BHUTAN

Meditierende Mönche und majestätische Berge inmitten des Himalaya

Bhutan, das Königreich in den Wolken, sorgt mit seinen Indikatoren des »Brutto-Nationalglücks« international für Schlagzeilen, zeichnet sich aber mindestens ebenso durch seine »Brutto-Nationalschönheit« aus. Gerade einmal so groß wie die Schweiz zeigt das »Land des Donnerdrachen« im Himalaya eine erstaunliche landschaftliche Vielfalt. Außer schneebedeckten Gipfeln, die man hier natürlich erwartet, findet man auch grüne tropische und subtropische Regionen, atemberaubende neblige Flusstäler und dichte Kiefernwälder. Ganz zu schweigen von den menschengemachten Attraktionen in Form von Festungen und Klöstern. * Das berühmte Tigernest-Kloster sollte eine der ersten Stationen Ihrer Reise sein.

Es ist die Verkörperung von Bhutans unglaublichem Zauber. Die heiligste Stätte des Landes wurde in über 3000 Metern Höhe auf Felsvorsprüngen erbaut, wofür Sie rund 1000 Stufen erklimmen müssen. Doch die Aussicht auf dem Weg – bewaldete Hänge, mit Gebetsfahnen geschmückte Bäume und das Kloster selbst – lohnt alle Mühen.

Wenn Sie noch Zeit für eine weitere religiöse Stätte haben, sollten Sie Chimi Lhakhang besuchen, den Tempel des

Oben links: Das kunstvoll dekorierte Bukhari Restaurant des Uma Paro Resort. *Oben Mitte:* Goldene buddhistische Gebetsmühlen in Bhutan. *Oben rechts:* Beim Fest im Punakha Dzong tragen die Tänzer traditionelle Masken und Kostüme. *Gegenüber:* Junge Mönche vor Prozessionsfahnen.

Im Uma by COMO Paro wird auf Wunsch ein privates Dinner arrangiert, das Essen liefert das Bukhari Restaurant.

heiligen Drugpa Künleg – selbstverständlich jedoch nicht, wenn Sie keinen Nachwuchs haben möchten. Es heißt nämlich, dass Bhutans Nationalheiliger (der »göttliche Narr«) im 15. oder 16. Jahrhundert mit seinem »Donnerkeil« die drängendsten Probleme des Landes löste, von Dämonen bis zur Unfruchtbarkeit. Wenn Sie das Kloster als Paar besuchen, klopft Ihnen ein Mönch mit einem hölzernen Abbild dieses Donnerkeils auf den Kopf – das werden Sie so schnell nicht vergessen, ebenso wenig die innige Frömmigkeit und Schönheit des von Lampen beschienenen Ortes. Und Sie werden auch erfahren, was die verzierten Phalli an Wänden und Dächern überall im Land zu bedeuten haben.

Imposant sind auch Bhutans festungsähnliche *Dzongs*. Die militärischen, administrativen und religiösen Zwecken dienenden Komplexe mit hohen weißen Mauern, roten Dächern, übergroßen Portalen und Innenhöfen setzen im ganzen Land in der Berglandschaft des Himalaya ernsthaft-schöne Akzente. Die wohl schönste dieser Klosterburgen ist der Punakha Dzong aus dem 17. Jahrhundert, in dem der König von Bhutan gekrönt wurde. Die Lage am Zusammenfluss der Flüsse Pho Chhu (Vater) und Mo Chhu (Mutter) stört die Ästhetik natürlich in keiner Weise – ebenso wenig die drei Innenhöfe, der zentrale Turm mit Goldkuppel und die kunstvoll verzierte Kapelle.

Neben der traditionellen Architektur ist auch die Landschaft eine der Hauptattraktionen der Region. Am intensivsten erlebt man sie auf Treks, die in verschiedenen Längen angeboten werden: ob kurz (Zwei-Tage-Wanderung von Thimpu nach Punakha durch Dörfer, Wälder und Reisfelder), mittellang (sechstägiger Dagala-1000-Seen-Trek mit Blick auf Himalaya-Highlights und den Mount Everest) oder lang (14-tägiger Laya-Gasa-Trek über Bergwiesen, Gebirgspässe und durch subtropischen Dschungel). Um danach Ihre Muskeln zu entspannen, gönnen Sie sich ein Hot-Stone-Bad für Zwei. Sie relaxen in frischem, mit Beifuß angereichertem Flusswasser, das mit Steinen direkt von einer Feuerstelle erwärmt wird – am Ende erreicht Ihr ganz persönliches Bruttoglück ganz neue Dimensionen.

Gegenüber: Ein Mönch schlendert durch den Punakha-Tempel. *Oben:* Buddhistische Gebetsfahnen flattern vor dem Tigernest-Kloster im Wind.

REISEPLANUNG

ÜBERNACHTEN • Zhiwa Ling ist eine von National Geographic als weltweit einzigartig gelistete Unterkunft in den Bergen bei Paro. Cottages mit handgefertigten Schnitzereien stehen hier idyllisch inmitten von Weiden und Obstbäumen. Ob Sie sich im Meditation House den Mönchen anschließen, den Nachmittag im Tea House verbringen, sich im Spa verwöhnen lassen oder in der Mad Monk Bar Cocktails schlürfen – die heiter-gelassene Atmosphäre ist ebenso unvergleichlich wie die Aussicht auf das Tigernest-Kloster. *zhiwaling.com*

ESSEN • Im Bukhari, einem runden Restaurant aus Holz und Glas, treffen Sie beim Essen am ehesten auf bhutanische Adelige. Es ist das Lieblingslokal der Königsfamilie – und das nicht nur wegen des Rundumblicks. Die Gerichte bestehen größtenteils aus Produkten aus dem eigenen Bio-Garten, der zusammen mit Bauern der Umgebung bewirtschaftet wird. Alles ist unglaublich frisch. Als Mittagessen sollten Sie den Yak-Burger probieren. *comohotels.com/umaparo/dining/bukhari*

UNTERNEHMUNGEN • Im Herbst finden viele Feste statt. Da sich der bhutanische Kalender am Mond orientiert, überprüfen Sie die Termine bei der Reiseplanung sicherheitshalber, aber im Oktober und November sollten sich Ihnen zahlreiche Möglichkeiten bieten. Besonders schön ist das Pema Gatshel Tshechu, dessen Prunk allein schon die Reise wert ist. Die Agentur Wind Horse Tours ist bei der Organisation behilflich. *windhorsetours.com*

BALKAN

SLOWENIEN

Geheimnisvolle Höhlen, alte Burgen
und zauberhafte Seen

Die Kirche Mariä Himmelfahrt thront auf einer kleinen Insel im Bleder See.

In Sloweniens Hauptstadt Ljubljana dreht sich fast alles um die Liebe: Der Hauptplatz wurde nach dem Barden France Prešeren benannt, der mit seiner Liebeslyrik im 19. Jahrhundert zum Nationalhelden wurde. Ein Terrakotta-Abbild seiner Muse lugt aus einem Relief des Hauses, in dem sie aufwuchs, auf den Prešerenplatz. * Gleich nach Ihrer Ankunft werden auch Sie dem romantischen Zauber der Stadt erliegen – vor allem, wenn Sie nachts an Cafés vorbei den Fluss entlangflanieren, unterhalb der Burg aus dem 15. Jahrhundert, deren Mauern im langsamen Wechsel der Beleuchtung golden und blau aufleuchten.

Wandern Sie hinauf oder nehmen Sie die Bahn, belohnen Sie sich mit einem wunderbaren Stadtpanorama und anschließend mit Kaffee und Kuchen oder einem Gläschen Wein im Burgcafé. Tauchen Sie bei einer klassischen Führung in die Geschichte der Burg ein oder buchen Sie eine »Zeitreise«, bei der Personen in historischen Gewändern Ihnen die sechs entscheidenden Epochen Ljubljanas in Form eines Rollenspiels schildern. Weitere traumhafte Reiseziele führen Sie auf eine kleine Rundreise in nordwestlicher Richtung weiter.

Erster Halt ist der betörend schöne Ort Bled am Bleder See, nahe der österreichischen Grenze. Auf einer kleinen Insel steht die Kirche Mariä Himmelfahrt – umgeben von einigen

Die Uferwege des Bleder Sees sind perfekt, um Hand in Hand bei einem Spaziergang die traumhafte Landschaft zu genießen.

der höchsten Gipfel der Julischen Alpen. Wenn Sie an der kleinen Insel anlegen, schlendern Sie einmal rund um die Kirche, damit Sie jeden Panoramablick genießen können.

Hoch über dem See thront am steilen Fels die mittelalterliche Burg Bled, die heute ein Museum beherbergt. Die einstige bischöfliche Residenz (siehe ESSEN) wirkt mit zwei Innenhöfen, Wendeltreppen, Zugbrücke, Burggraben wie eine Märchenburg. Bei Sonnenuntergang ist der Ausblick dort oben buchstäblich atemberaubend.

Von den 1950er- bis Ende der 1970er-Jahre, als Slowenien zu Titos Jugoslawien gehörte, war Bled einer der bevorzugten Erholungsorte des Autokraten. Verblieben sind nicht nur Relikte dieser Zeiten (siehe ÜBERNACHTEN), sondern auch aus den Jahrhunderten zuvor. Die *Pletna*-Boote auf dem See zum Beispiel gab es schon im 16. Jahrhundert (ihre Sonnendächer und Ruderer verleihen einer romantischen Bootsfahrt den gewissen nostalgischen Touch).

Die nächsten Stationen Ihrer Slowenien-Rundreise sind zwei sehr verschiedene, aber gleichermaßen beeindruckende Höhlen. Bei Postojna warten Kammern voller glitzernder Gesteinsformationen (in denen blinde Molche leben) auf Sie. In Predjama wiederum wurde über einem Höhlensystem eine Burg in den Felsen gebaut – laut *Guinness-Buch der Rekorde* die größte Höhlenburg der Welt.

Gesteinsformationen in der Postojna-Höhle.

REISEPLANUNG

ÜBERNACHTEN • Vila Bled, Titos alte Ferienresidenz, bietet heute noch erstklassige Unterkunft und großartige Ausblicke. Den besten hat Titos alte Präsidentensuite. Aber den Blick über den glitzernden See auf die Julischen Alpen genießen Sie auch in vielen anderen Zimmern. *brdo.si/en/vila-bled/vila-bled*

ESSEN • Das Restaurant in der Burg Bled befindet sich zwar in Gemäuern aus dem 11. Jahrhundert, serviert aber moderne Gerichte aus regionalen Produkten (wie etwa Würste und Spargel). Zudem bietet es einen atemberaubenden Blick über See und Insel. *jezersek.si/en/bled-castle-restaurant*

UNTERNEHMUNGEN • Fahren Sie weiter nach Westen. Die Karst and Coast Mystery Tour von Roundabout führt Sie über die UNESCO-Welterbestätte Höhlen von Škocjan zur Adria. Die Höhlen schuf ein Fluss, der versickerte und einen der größten bekannten unterirdischen Canyons der Welt in den Kalkstein fräste. Nach einem Zwischenhalt mit luftgetrocknetem Schinken und Wein aus der Teran-Traube, beides Spezialitäten der Region, geht es weiter an die Küste und über Koper, Izola sowie Portoroz nach Piran. In der idyllischen mittelalterlichen Stadt spazieren Sie durch enge verwinkelte Gassen und schlemmen abends Seafood am Meer. *travel-slovenia.com*

SÜDAMERIKA

PERU

Majestätische Berge, buntgewebte Stoffe und Ruinenstädte

Es war einmal eine schöne Inka-Prinzessin, die sich in einen tapferen Krieger verliebte, obwohl sie dem Sonnengott versprochen war. Als ihr Vater dahinterkam und den Jüngling verbannte, rannte die Prinzessin davon und vergoss Tränen aus Orchideenblüten, die die Anden in Liebe hüllten. Diese Liebesgeschichte aus jenem Teil der Welt wird in zahllosen Versionen erzählt – und Sie sind sofort bereit, eine jede von ihnen zu glauben, wenn Sie einmal dem Zauber der in Nebel gehüllten Berge und Ruinen Perus erlegen sind. * Die Pforte zum legendärsten Teil der peruanischen Anden liegt im Südosten des Landes, auf knapp 3400 Metern Höhe.

Cuzco war nicht nur ein Zentrum des Inka-Reiches, sondern sein Mittelpunkt. Heute ist es ein interessantes Gemisch aus indigenen Steinbauten und spanischer Kolonialarchitektur, besonders luxuriös zu erleben im Palacio Nazarenas. Nachdem die Anlage 300 Jahre als Kloster fungierte, dient sie nun als Hotel und bietet in einem Spa-Bereich Paarmassagen an, bei denen man auf dem Bauch liegend unter sich durch Glasfenster im Boden alte Inka-Kanäle bestaunen kann.

Frisch gestärkt ziehen Sie weiter in das Monasterio nebenan – noch ein Hotel in einem alten Kloster – und genießen die

Oben links: Farbenprächtige Stoffe mit traditionellen Mustern findet man auf den Märkten von Cuzco. *Oben Mitte:* Tropische Vögel mit buntem Gefieder bevölkern die Gärten des Inkaterra Machu Picchu Pueblo Hotels. *Oben rechts:* Mais auf dem Markt von Pisac. *Gegenüber:* Eine Frau in traditioneller Tracht verkauft in Chinchero Decken.

Wenn Sie Machu Picchu nicht früh am Morgen erreichen, gehört Ihnen die Ruinenstadt nicht alleine.

Gärten, Brunnen und einen Pisco Sour oder vielleicht einen Kokablättertee, der Ihrem Körper hilft, sich an die Höhe zu gewöhnen. Gönnen Sie sich unbedingt einen Drink auf einem der Balkone, von denen man über den Hauptplatz von Cuzco blickt. Die Szenerie mag touristisch sein, aber sie von dort zu beobachten, ist unglaublich romantisch – fast so, als säße man in der Loge eines alten Theaters.

Sobald Sie sich akklimatisiert haben, wandern Sie die Kurven bergauf in das weiß getünchte San Blas, wo unkonventionelle Boutiquen und eine spektakuläre Aussicht warten.

Und wenn Sie sich für das Hauptereignis, den Ausflug nach Machu Picchu, bereit fühlen, nehmen Sie den Hiram Bingham. Der nostalgische europäische Zug wurde mitten in die Anden verfrachtet, und mit leckeren Speisen und Getränken ausgestattet. Aber das Beste an Bord sind die immerfort wechselnden Ausblicke auf Flüsse und Berge.

Sie können auch auf dem Inka-Trail drei Tage lang durch den Regenwald nach Machu Picchu wandern. Das müssen Sie jedoch wegen notwendiger Genehmigungen und Führer schon einige Monate im Voraus buchen. Doch es ist die Mühe wert: Dies ist nicht nur eine schöne Wanderung, sondern Sie kommen auch frühmorgens an und erleben dort den dramatischen Sonnenaufgang über den in Nebel gehüllten Ruinen – so gut wie alleine.

Wenn Wandern nichts für Sie ist, übernachten Sie am besten im Nachbarort Aguas Calientes (siehe ÜBERNACHTEN) und nehmen morgens einen der ersten Busse. So sind Sie vor den Massen in Machu Picchu und können sich zwischen all den Bauwerken und Terrassen in Ruhe Ihre Lieblingsorte suchen. Es lohnt sich auch, früh aufzubrechen, da nur eine begrenzte Anzahl Besucher jeden Tag den Huayna Picchu (höchsten Gipfel) besteigen darf. Der Aufstieg ist nicht ganz leicht, eine Stelle wird alle Fans des Fantasyfilms *Die Braut des Prinzen* an die »Klippen des Wahnsinns« erinnern. Doch die Belohnung ist ein grandioser Blick auf das Flusstal und die umliegenden Berge – und wenn Sie mit dem inneren Auge sehen, die roten Tränenblüten der Inka-Prinzessin.

Gegenüber: Mit dem Zug erreichen Sie bei herrlichem Panorama bequem Machu Picchu. *Oben:* Das Inkaterra Machu Picchu Pueblo Hotel.

REISEPLANUNG

ÜBERNACHTEN • Das Inkaterra Machu Picchu Pueblo Hotel ist eine von National Geographic als Unique Lodges gelistete Unterkunft. Hier fühlen Sie sich wie in einem Traumgarten oder einem geheimen Nebelwald: Hunderte von Orchideen, Vögeln und Schmetterlingen, dazu kilometerlange Wanderwege, behagliche *casitas* und ein freundliches Restaurant am Fluss. Die romantischen Extras bestehen aus einer Abendwanderung zu einem Wasserfall und Saunagängen zu zweit in der Eukalyptushütte des Spas im Kerzenschein. *inkaterra.com*

ESSEN • Das Map Café befindet sich im verglasten Patio eines alten Anwesens in Cuzco, das heute ein Museum für präkolumbianische Kunst ist. Zu seinen Novo-andina-Spezialitäten gehören die Quinoa-Cannelloni mit Tomaten, Rucola und Ziegenkäse. *cuscorestaurants.com*

UNTERNEHMUNGEN • Fahren Sie in das Heilige Tal der Inkas. Es beginnt gleich außerhalb von Cuzco. Allein die Fahrt ist die Reise wert. Doch Sie sollten einige Male anhalten: bei den funkelnden Salzterrassen von Maras, die sich den Berghang hinunterziehen; bei den mystischen Kornkreisen in Moray; in der bukolischen Landschaft bei Chinchero, wo eine Kirche auf einer Inka-Ruine erbaut wurde, und bei den beeindruckenden Ruinen von Ollantaytambo. Habitats Peru organisiert individuelle Touren durch das Heilige Tal und auch jeden anderen romantischen Ausflug. *habitatsperu.com*

USA / NEW YORK

NEW YORK CITY

Central Park, Brooklyn Bridge und Broadway Shows

Der beliebte Jazz-Standard *Autumn in New York* beginnt mit einer interessanten Frage zum Big Apple: »Why does it seem so inviting?« Dem Komponisten Vernon Duke fallen dazu mehrere Antworten ein, von »schillerndem Gedränge und flirrenden Wolken« bis zum »Versprechen einer neuen Liebe«. Auch wenn die Auflistung wunderbar ist (besonders schön gesungen von Ella Fitzgerald), einen sehr romantischen Aspekt des New Yorker Herbstes lässt sie allerdings aus: das rot, orange und gelb lodernde Herbstlaub in der riesigen Stadt. Es gibt zahllose Möglichkeiten, um sich diesem Farbzauber hinzugeben.

Eine der romantischsten ist eine Ruderpartie auf dem Central Park Lake – inmitten bunter Blätter, die sich im Wasser spiegeln. Bestellen Sie sich in der Boathouse Outdoor Bar (geöffnet bis Ende Oktober) einen Drink und genießen Sie das Abendlicht. Wie wäre es mit einer Fahrt über die Brooklyn Bridge zur Brooklyn Heights Promenade mit Blick auf Manhattan? Oder Sie unternehmen einen Spaziergang auf der High Line, einer ehemaligen Hochbahn-Trasse, die in einen Park umgemodelt wurde. Anschließend lockt Chelsea Market, die bekannte Gourmethalle in Downtown. Und wenn Sie in der ersten Herbsthälfte anreisen, statten Sie der Rooftop-Garden-Cafe-and-Martini-Bar des Metropolitan Museum einen Besuch ab.

Oben links: Von der Brooklyn Bridge aus sehen Sie die Stadtteile zu beiden Seiten des East River. *Oben Mitte:* Der King Room des Gramercy Park Hotel ist wahrhaft königlich ausgestattet. *Oben rechts:* Mieten Sie am Central Park Lake ein Ruderboot und genießen Sie Drinks im Boathouse.

Im Herbst bekommt der graue Beton-Dschungel New Yorks eine kräftige Portion Farbe verpasst.

REISEPLANUNG

ÜBERNACHTEN • Im Gramercy Park Hotel bekommen Sie auch einen der begehrten Schlüssel zum Privatpark nebenan, der seit dem 19. Jahrhundert eine kleine grüne Zuflucht für Künstler, Schriftsteller und Musiker darstellt. In dem lauschigen Hotel mit offenen, knisternden Kaminen, Eichenparkett, Tapisseriestühlen und schönem Blick über den Park sind schon JFK, Blondie und Bono abgestiegen.

ESSEN • Das One If by Land, Two If by Sea befindet sich in einem alten Kutschenhaus aus dem 18. Jahrhundert. Hier haben sich offene Kamine, Tische mit Kerzenlicht und ein Flügel verschworen, um für eine der höchsten Verlobungsraten in der Stadt zu sorgen. Probieren Sie das Filet Wellington, aber lassen Sie noch Platz für das Dessert (vielleicht mit einem Ring darin). *oneifbyland.com*

UNTERNEHMUNGEN • Paare können auf dem Empire State Building eine der romantischsten Filmszenen aller Zeiten nachstellen (*Die große Liebe meines Lebens*, *Schlaflos in Seattle* oder *Perfect Love Affair*). Das Observatorium ist bis 2 Uhr nachts geöffnet, der letzte Aufzug fährt um 1.15 Uhr. Es besteht also die Chance, den Ort und die atemberaubende Aussicht auf das Lichtermeer in trauter Zweisamkeit zu genießen. *esbnyc.com*

AUSTRALIEN

HAMILTON ISLAND

Ein außergewöhnliches Refugium
am berühmtesten Korallenriff der Welt

Bei Sonnenaufgang öffnet sich auf Hamilton Island ein Feuerwerk der Farben mit Blick auf Queensland.

Hamilton Island liegt am Zugang zum Great Barrier Reef vor der Küste Australiens. Die nur 7,5 Quadratkilometer große Insel bietet Romantikern einen besonderen Willkommensgruß in Form eines herzförmig gewachsenen Korallenriffs, das auch Heart Reef genannt wird und unweit der Insel gelegen ist. Der Anblick ist so hinreißend schön, dass man ihn leicht für eine optische Täuschung hält, selbst wenn man das Riff einige Male mit dem Helicopter umkreist. * Und diese Laune der Natur ist keine Ausnahmeerscheinung, denn Hamilton lockt mit weiteren einzigartigen Naturschätzen. Die Insel ist für Autos gesperrt – außer mit dem Insel-Shuttle bewegt man sich hier also vorwiegend schnorchelnd, tauchend oder per pedes weiter. Man kann sich allerdings auch Golf-Buggies mieten und damit durch die Landschaft düsen.

Tiefgrüne Wälder bedecken sanfte Hügel, idyllische Pfade führen zu abgelegenen Buchten und alten Hainen – unter anderem zum Passage Peak (dem höchsten Punkt der Insel), von dem aus Sie einen unvergesslichen Blick über das Riff und die Whitsunday Islands haben. Über den Escape Beach Trail wiederum steigen Sie durch Mangrovenwälder voller Wildtiere zum klaren

Die Panoramafenster des »Windward Pavilion« im Qualia Hotel garantieren eine herrliche Aussicht.

Wasser des gleichnamigen Strandes in eine einsame Bucht hinab. Oder Sie nehmen den etwas anstrengenderen Weg zur Coral Cove. Vom einsamen Strand aus haben Sie hier freien Blick nach Süden bis Linderman Island.

An den weniger einsamen Stränden kann man Wasserfahrzeuge aller Art mieten und im Kajak oder Katamaran um die Insel paddeln.

Natürlich ist die Inselwelt keine »oberflächliche« Schönheit. Der beste Ort für einen Blick in die Tiefe ist das nahe gelegene Reefworld, ein Ponton am Hardy Reef im Great Barrier Reef. Zu seinen vielen bunten Bewohnern gehören Clownfische, Nasendoktorfische, Kaiserfische, Falterfische und nicht zuletzt die liebenswerten Napoleon-Lippfische. Mit ihren neonfarbenen Beulen am Kopf sehen die Armen immer so aus, als wären sie gerade mit dem Kopf irgendwo dagegengestoßen.

Es fällt schwer, sich von dieser Unterwasserwelt zu lösen, aber oben auf dem Ponton locken Massagen. Die ultimative Riffromantik kommt auf, wenn Sie auf dem Ponton übernachten. Buchen Sie das »Reefsleep-Paket«, um unter freiem Himmel über dem Meer zu schlafen, inklusive Cocktails, Barbecue und nächtlichem Tauchabenteuer. Die Musik der Wellen wird Sie tief schlafen lassen; verpassen Sie aber nicht den Sonnenaufgang über dem Great Barrier Reef, der das Meer oft in flammendes Purpurrot taucht. Genauso beeindruckend sind die Sonnenuntergänge, die Sie vom Aussichtspunkt auf dem One Tree Hill aus genießen können. Eine kleine Bar bietet neben einer reichen Auswahl an Cocktails auch Plätze an, auf denen Sie für die romantische Naturshow ganz vorne in der ersten Reihe sitzen.

Das herzförmige Korallenriff Hamiltons aus der Vogelperspektive.

REISEPLANUNG

ÜBERNACHTEN • Das Luxusresort Qualia hält eine Reihe luftiger Pavillons aus Holz, Stein und Glas für seine Gäste bereit, versteckt im dichten tropischen Grün an Hamiltons Nordspitze. Hier haben Sie überall einen atemberaubenden Meerblick. Während die »Leeward Pavilions« optimal auf den Sonnenuntergang ausgerichtet sind, bieten die »Windward Pavilions« Infinity-Pools, die scheinbar nahtlos ins Meer übergehen. Lassen Sie sich im Spa mit der Sweet-Moments-Paarbehandlung verwöhnen: ein mit Mokka versetztes Milchbad, gefolgt von einer Massage mit Schokoladenöl, zu der auch eine ganz spezielle Kopfmassage und eine Fußmassage gehören. *qualia.com.au*

ESSEN • Der Name des Restaurants Bommie leitet sich vom einheimischen Wort *bombora* (etwa »sanfte Wellen in seichtem Wasser«) ab und ist hier Programm. Genießen Sie Ihren abendlichen Drink auf der erkerförmigen Terrasse, die in die Marina hineinragt und lauschen Sie den sanften Wogen des Meeres. Sobald die Sonne versinkt, widmen Sie sich im Speiseraum leckeren Spezialitäten wie mariniertem Gelbflossen-Thun mit Zuckermelone, Tang und Cashewnüssen – und der traumhaften Kulisse vor der Fensterfront. *hamiltonisland.com.au*

UNTERNEHMUNGEN • Fliegen Sie mit dem Hubschrauber über das Heart Reef zum romantischen Picknick an den benachbarten Whitehaven Beach – dank seiner halluzinatorischen Wirbel aus ungemein weißem Sand und tiefblauem Wasser eine lokale Berühmtheit –, bevor die Maschine Sie wieder nach Hause bringt. *hamiltonislandair.com*

Ein Pferdeschlitten gleitet durch eine verschneite Landschaft in der Schweiz.

WINTER

NEUSEELAND

SÜDINSEL

Sonnige Weinhänge, Gletscher und geologische Schätze

Auf Neuseelands Südinsel wachsen preisgekrönte Weine.

Neuseeland ist ein Land der Extreme. Funsportarten wie Bungee Jumping sollen hier entstanden sein und Queenstown zur (selbsternannten) »Welthauptstadt der Abenteuer« gemacht haben. Auch die Landschaften Neuseelands sind von extremer Schönheit, ganz besonders die der Südinsel, die neben sonnigen Weinbergen, Fjorden und Wasserfällen sogar mit schneebedeckten Gletschern aufwarten kann. Es ist eine einfache Gleichung: Extreme Abenteuer + extreme Schönheit = extreme Romantik. * Beginnen Sie dort, wo das Bunjee Jumping seinen Anfang nahm: an der 1880 errichteten Kawarau Hängebrücke bei Queenstown, die sich über eine tiefe Schlucht spannt und sich für einen Tandemsprung anbietet.

Früher überquerten mithilfe der Brücke Goldsucher den Fluss, heute dient sie einem anderen Abenteuer – dem seilgesicherten Absturz in 43 Meter Tiefe.

Auf andere Weise abenteuerlich ist ein Helikopterflug mit Over The Top. Er führt Sie durch die diamantenen Gipfelspitzen der Südalpen und – mit einem Picknick in einsamer Wildnis auf dem Weg dorthin – zum Milford Sound mit herrlichen Wasserfällen, die Rudyard Kipling als achtes Weltwunder bezeichnete. Erkunden Sie den Fjord auf einer Tageskreuzfahrt oder Kajaktour – oder gehen Sie darin tauchen. Das Tauchrevier mit unzähligen Korallen, Fischen, Kraken, Haien und Delfinen gehörte zu Jacques Cousteaus Favoriten. Eine

Prächtige Lupinen überziehen die Hügel am Lake Wakatipu bei Queenstown.

etwas gemütlichere Abenteuerromantik finden Sie auf der Südinsel ebenso. Radeln Sie durch eine der fünf Weinregionen: Central Otago (ein Spätburgunder-Paradies), Marlborough (Heimat preisgekrönter Sauvignon blancs) oder Canterbury, Nelson und Waipara Valley (die hervorragende halbtrockene Weiße produzieren).

Um zwischen all den Abenteuern kurz durchzuschnaufen, können Sie dem inoffiziellen Nationalhobby frönen und mit dem Wohnmobil durch die Landschaft tingeln. Gut ausgerüstete Fahrzeuge mit Bettzeug und Geschirr (die lila-grünen von Juicy sind kaum zu übersehen) stehen reichlich zur Auswahl. Im Grunde brauchen Sie sich nur den Schlüssel zu holen und loszufahren. Und da zehn der 14 Nationalparks Neuseelands auf der Südinsel liegen, ist das Angebot an Routen enorm.

Eine gute Wahl ist auf jeden Fall die sonnige Stadt Nelson an der Tasman Bay, die Kolonialbauten aus dem 19. Jahrhundert mit hypermodernen Überraschungen vereint: Das World of Wearable Art & Classic Cars Museum ist weltweit bekannt – und nicht weit entfernt von drei der zehn Nationalparks auf der Südinsel. Beliebt ist der Abel Tasman, Neuseelands einziger Küstennationalpark. Eine Wanderung oder Kajakfahrt entlang seiner goldenen Strände mit tiefblauem Wasser ist ein unvergessliches Erlebnis. Und wenn Sie schon da sind, besuchen Sie doch auch gleich den Goldschmied Jens Hansen. Er gestaltete den Ring für die Verfilmungen von Tolkiens *Der Hobbit* und *Der Herr der Ringe*. Auch wenn Sie keine exakte Kopie von »mein Schatz« wollen, werden Sie sicher etwas finden, das ebenso schön ist.

Der von Reben umrankte Eingang zu einem Chalet von Blanket Bay könnte selbst einem Hobbit gefallen.

REISEPLANUNG

ÜBERNACHTEN • Die Zimmer und Chalets der alpinen Luxuslodge Blanket Bay ermöglichen den Blick auf den glitzernden Lake Wakatipu unter den Gipfeln der Humboldt Mountains. Auf der Fahrt zur Unterkunft wartet hinter jeder Biegung ein neuer überwältigender Ausblick. Buchen können Sie ein Flitterwochen-Paket, Candle-Light-Dinner in der Wine Cave, Spa-Behandlungen und vieles mehr. *blanketbay.com*

ESSEN • Das Stratosfare Restaurant & Bar thront 450 Meter über Queenstown an der Bergstation der Skyline-Gondola-Bahn. Bei Sonnenuntergang ist der Ausblick von Ihrem Tisch auf die Stadt, den See und die Berge atemberaubend. Zu den lokalen Spezialitäten zählen der Akaroa-Lachs und die Steaks von Wild aus dem Fiordland. *skyline.co.nz/queenstown/restaurant*

UNTERNEHMUNGEN • Wandern Sie auf (und in) den gewaltigen Franz-Josef-Gletscher (Kā Roimata o Hine Hukatere). Danach tauchen Sie in die Glacier Hot Pools mitten im Regenwald ein. Die sechs heißen Naturquellen haben ihre eigene romantische Geschichte. Einer Legende zufolge werden sie von den Tränen Hine Hukateres gespeist, die um ihren Liebsten trauert. *glacierhotpools.co.nz*

INDIEN

GOLDENES DREIECK

Monumentale Städte, romantische Paläste und farbenprächtige Feste

Der vielleicht wohlklingendste Dreiklang des Reisens – Delhi, Agra und Jaipur – strotzt vor Romantik. Das architektonische Glanzstück dieses Trios ist zweifellos das Taj Mahal in Agra, eine anrührende Hommage an die Liebe. Als Mumtaz Mahal, die Lieblingsfrau des Großmoguls Shah Jahan, 1631 bei der Geburt ihres 14. Kindes starb, brach ihm das Herz. Als Zeugnis seiner Liebe gab er dieses marmorne Mausoleum in Form einer Moschee in Auftrag. * Schätzungsweise 22 000 Handwerker und 1000 Elefanten arbeiteten daran, die Anlage in 22 Jahren fertigzustellen.

Der Dichter Rabindranath Tagore beschrieb das Bauwerk als »Träne im Gesicht der Ewigkeit« . Auch wenn Sie sich überwältigt zwischen all den Bogengängen und Gärten des Palastes verlieren möchten, sollten Sie an einer Führung teilnehmen (siehe UNTERNEHMUNGEN), um romantische Geschichten und Insidergeheimnisse vermittelt zu bekommen – besonders empfehlenswert bei Vollmond, wenn dem so schon prächtigen Palast etwas durch und durch Mystisches innewohnt.

In der Nähe befindet sich das aus Sandstein erbaute Rote Fort von Agra, in dem Shah Jahan kurz nach der Fertigstellung des Taj Mahal unter Hausarrest gestellt worden war, nachdem ihn sein Sohn für nicht regierungsfähig erklärt hatte.

Oben links: Tausende Tänzer treten bei einem Fest im Zentrum von Jaipur auf. *Oben Mitte:* Farbpulver für das Holi-Fest. *Oben rechts:* Eine Rikscha vor dem Hawa Mahal, dem »Palast der Winde«, in Jaipur. *Gegenüber:* Chandra Mahal, der Stadtpalast.

Auch in Delhi, drei Stunden Fahrt von Agra entfernt, steht ein Rotes Fort. Die mächtige Erinnerung an das goldene Zeitalter der Mogul-Architektur sollten Sie nicht verpassen.

Genauso wenig wie die Jama Masjid (eine der größten Moscheen Indiens) aus dem 17. Jahrhundert oder Humayans Grab im persisch angehauchten Baustil aus dem 16. Jahrhundert. Es scheint über den umliegenden Gärten zu schweben.

Ein Highlight in Delhi gibt es nur zu dieser Jahreszeit. Das wunderbare Qutub-Festival mit klassisch-indischer Musik in der Anlage um das Qutb Minar, dem höchsten Minarett aus Ziegelsteinen der Welt. (Der Termin variiert, es findet aber immer im November oder Dezember statt.)

Gut vier Stunden von Delhi entfernt liegt Jaipur, »Die Rosenrote«. Den Beinamen verdankt sie der Farbe des Steins, aus dem die Altstadt erbaut ist. Hier ist Palasthopping angesagt: vom Hawa Mahal, dem »Palast der Winde«, von 1799 mit seinen an Zuckerwerk erinnernden Fensterausbuchtungen zum Stadtpalast, einem reich verzierten Mischmasch aus Stilen aller Zeiten und Teil des riesigen Stadtpalasts der hiesigen Maharajas. Und schließlich zum Palastfort von Amber aus dem 16. Jahrhundert, das wie entrückt über dem Maota-See auf dem Hügel thront.

Jaipur ist auch für seine üppigen Märkte berühmt. Exquisite Stoffe und Juwelen finden Sie hier in verführerischen Mengen. Könnte sein, dass Sie einen zusätzlichen Koffer benötigen. Werfen Sie einen Blick auf die bedruckten, gebatikten und bestickten Stoffe im Bapu-Basar. Für Schmuck besuchen Sie den Johnri- oder den Chameliwala-Basar, in dessen Labyrinth besonders bewundernswerte Prachtstücke ausliegen. Auch wenn Ihnen nie ein Taj Mahal gewidmet werden wird, könnte Ihr Partner hier einige Anregungen bekommen, wie er seine ungeheure Liebe beweisen kann. Sie werden schon sehen!

Im Pool des Hotels The Oberoi Amarvilas in Agra werden Sie sich wahrhaft königlich fühlen.

Gegenüber: Ein junger Mann mit Elefanten im Fort Amber in Jaipur. *Oben:* Der Taj Mahal gilt weltweit als das romantischste Bauwerk überhaupt.

REISEPLANUNG

ÜBERNACHTEN • Weniger als einen Kilometer vom Taj Mahal entfernt bietet The Oberoi Amarvilas Zimmer mit Blick auf das berühmte Bauwerk. Bei dieser fantastischen Aussicht sollten Sie unbedingt ein romantisches Dinner mit Kerzenlicht und Blumenschmuck auf Ihrem Privatbalkon genießen. Selbst in den Behandlungszimmern des Spa blickt man auf die unverwechselbaren weißen Kuppeln. Neben dem Taj Mahal hat das Hotel noch mehr Romantik zu bieten: wunderschöne terrassierte Rasenflächen, Reflexionsbecken, Pavillons und eine Lobby mit funkelnden Kronleuchtern. Am romantischsten ist aber wohl die Segnungszeremonie für Paare (samt Austausch von Girlanden). *oberoihotels.com*

ESSEN • Das Dum Pukht gilt als eines der besten Restaurants Asiens, wenn nicht gar der Welt. Das prachtvolle Lokal in New Delhi, eine Rhapsody in Blue (sowie mit Silber, Kristall und Vielpassbögen), erweist den Nawab (Herrscher im 18. und 19. Jahrhundert) ebenso seine Reverenz wie der traditionellen lokalen Küche, die ihre fein gewürzten Speisen über kleinem Feuer in geschlossenen Tontöpfen gart. *itchotels.in*

UNTERNEHMUNGEN • Bei Privatführungen von Viator kommen Sie in ansonsten unzugängliche Räume des Taj Mahal und erfahren viel über die Kunst und Geschichte des Bauwerks. *viator.com*

SCHWEIZ

ST. MORITZ

Schneebedeckte Gipfel, Après-Ski und knisternde Kaminfeuer

Auch wenn St. Moritz ursprünglich nach dem heiligen Mauritius benannt ist, liegt der Ursprung des heutigen St. Moritz in einer Wette – wenig überraschend für einen Ferienort, der das höchstgelegene Spielcasino Europas besitzt. Der erste Hotelier des Orters soll seinen letzten Gästen der Sommersaison 1864 folgendes Angebot gemacht haben: »Kommt im Winter wieder, und wenn ihr euch langweilt, bekommt ihr euer Geld zurück.« Die Gäste kamen an Weihnachten wieder – blieben bis zum Frühling und leiteten so den Wintertourismus ein. * Schon die Anfahrt im Bernina- oder Glacier-Express ist ein romantisches Abenteuer. Von einem Bahnhof Ihrer Wahl in der Schweiz oder Italien aus gleiten Sie durch das glitzernde Winterwunderland der Alpen bis in den nicht minder illustren Urlaubsort, in dem Champagner und Chanel zur Tagesordnung gehören. Doch wer sieht noch die Klunker, wenn die glitzernden Hänge des Engadin mit ihren 58 Skiliften, 217 Kilometer Pisten auf einen warten – und der Ausflugsberg Muottas Muragl. Hier säumen am romantischen Philosophenweg Tafeln mit inspirierenden Weisheiten von Dichtern und Denkern wie Sokrates und Sartre Ihren Weg, außerdem atemberaubende Panoramen und Bänke mit Decken zum Hineinkuscheln. Danach wärmen Sie sich mit einer heißen Schokolade im Romantik Hotel Muottas Muragl auf.

Oben links: Das erleuchtete Badrutt's Palace im verschneiten St. Moritz. *Oben Mitte:* Whiskey und Zigarren schmecken in der gemütlichen Renaissance Bar im Badrutt's Palace besonders gut. *Oben rechts:* In St. Moritz warten über 70 Pisten auf Skifahrer.

Der Glacier Express schlängelt sich durch die mit Schnee bedeckte Landschaft der Alpen.

REISEPLANUNG

ÜBERNACHTEN • Das Badrutt's Palace ist seit 1896 einer der Fixsterne von St. Moritz. Das Hotel am See ist bei Royals und Prominenten sehr beliebt. Alfred Hitchcock ist 34 Mal wiedergekommen, nachdem er seine Flitterwochen hier verbracht hatte. Wenn Sie eine »Suite Beau-Rivage« buchen, bekommen Sie einen herrlichen Bergblick mit dazu – besonders grandios der aus der Marmorbadewanne. *badruttspalace.com*

ESSEN • Das El Paradiso liegt auf etwa 2133 Metern Höhe am Corviglia. Genießen Sie den tollen Ausblick, Sitzplätze mit Fellen, die mit Kronleuchtern geschmückte Bar sowie eine der besten Weinkarten der Alpen. Schlemmen Sie Fondue oder Pfannkuchen mit karamellisierten Äpfeln. Danach wedeln Sie die Pisten hinunter oder fahren mit der zehn Minuten entfernten Suvretta-Bahn ins Tal. *el-paradiso.ch*

UNTERNEHMUNGEN • Wärmen Sie sich etwas auf. Nach dem Skifahren, Wandern, Essen und Trinken an den Hängen des Engadins sollten Sie sich ein dampfendes Wohlfühlpaket im Mineralbad & Spa Samedan gönnen. Die Anlage wurde direkt an die denkmalgeschützte Kirche des alten Dorfes Samedan angebaut und garantiert ein einmaliges Badeerlebnis in außergewöhnlicher Umgebung. *mineralbad-samedan.ch*

SÜDASIEN

DIE MALEDIVEN

Kristallklares Wasser, bunte Unterwasserwelten und romantische Bootsfahrten

Die Malediven muss man einfach lieben. Da 99 Prozent der Inselrepublik aus Wasser bestehen (genauer: dem Indischen Ozean), fühlt sich das verbleibende Prozent (das Land) ziemlich lauschig und abgeschieden an. * Einen Ort wie den Archipel 435 Kilometer südlich von Indien sucht, wer wirkliche Zweisamkeit finden will. Fast alle Unternehmungen außerhalb des Hotels sind zwangsweise auf das Meer beschränkt. Falls eine andere Insel in der Nähe liegt, lohnt es sich, dort ein Dorf zu besuchen und den Fischern zuzusehen. Fahren Sie mit ihren *dhonis*, das sind traditionelle Boote mit hochgezogenem Bug, aufs Meer hinaus.

Doch die Hauptattraktion der Inseln liegt viel näher und direkt vor Ihrem Zimmer: 350 Korallenarten und Tausende von Fischen. Das ganz normale Riff vor der Haustür pulsiert dermaßen vor Leben, dass Sie in kein Tauchboot hüpfen müssen, um beeindruckt zu werden. Im Grunde fallen Sie aus dem Bett geradewegs in einen Jacques-Cousteau-Film. An Land wartet ein straffes Programm aus Poolplanschen, faul auf dem Daybed liegen und Spa-Besuch auf Sie – und die Art von Zärtlichkeit, die nur auf einer abgelegenen Insel (oder einer Kette aus 1190 Inseln) möglich ist.

Oben links: Auf den Malediven schnorcheln Sie direkt vor Ihrem Bungalow im Tropenmeer. *Oben Mitte:* Den Meeresboden bevölkern bunte Seesterne. *Oben rechts:* Fahren Sie mit einem traditionellen *dhoni* vom Kuramathi Island Resort in den Sonnenuntergang.

Im Jumeirah Dhevanafushi blicken Sie vom privaten Pool aus über ein geschütztes Meeresreservat.

REISEPLANUNG

ÜBERNACHTEN • Im Jumeirah Dhevanafushi Maldives blicken Sie von Ihrer Überwassersuite de Luxe oder Ihrem Privatstrand über das endlose Meer. Wenn Sie bei der Massage im Überwasser-Spa Talise auf dem Bauch liegen, können Sie durch im Boden eingelassene Fenster unter sich Aale, Haie und Schwärme von Tropenfischen vorbeischwimmen sehen. Auch ein Überwasser-Sportstudio steht zur Verfügung, in dem Sie sich den Appetit für das romantische Dinner zu zweit erarbeiten können, das das Hotel auf Wunsch für Sie arrangiert. *jumeirah.com*

ESSEN • Beinahe jedes Hotel belegt eine eigene Insel, so dürfte es schwierig sein, externe Restaurants auszuprobieren. Wenn Sie aber in der Hauptstadt Male Zeit verbringen, sollten Sie sich im Restaurant Azur auf dem Dach des Hotels Jen Male bei Panoramablicken und kühlender Brise die westlich-japanische Fusion Cuisine schmecken lassen. *hoteljen.com*

UNTERNEHMUNGEN • Der Indische Ozean ist hier so warm, dass er perfekt geeignet ist, um eine neue Wassersportart wie Kitesurfen oder Wakeboarden zu lernen. Hier ins Wasser zu fallen, ist ein Vergnügen.

MEXIKO

HALBINSEL YUCATÁN

Schamanische Rituale, bunte Folklore und unterirdische Badeseen

Maya-Ruinen wie das Castillo von Tulum finden sich auf der ganzen Halbinsel Yucatán.

Wer auf Yucatán nach Romantik sucht, wird in jedem Winkel fündig: In den hochgelegenen Maya-Ruinen ebenso wie in den berühmten *cenotes* (wassergefüllte Kalksteinbassins unterhalb der Erdoberfläche). Auf diesem großartigen Fleckchen Erde zwischen dem Golf von Mexiko und der Karibik erwarten Sie eine ganze Reihe unvergesslicher Abenteuer. Es gilt, die vielen einzigartig schönen Relikte aus der Blütezeit der Maya zu entdecken, Ruinenstädte wie Chichén Itzá, eine der größten und politisch sowie wirtschaftlich wichtigsten Maya-Hochburgen; Cobá.

Hier genießen Sie von der höchsten Maya-Pyramide der Halbinsel aus einen spektakulären Rundumblick über den Dschungel; oder besuchen Sie Tulum, eine der wenigen befestigten Maya-Städte, mit herrlichem Ausblick über das Meer. Tulum ist auch insofern spektakulär, als man die Besichtigung jederzeit unterbrechen und die Klippen hinablaufen kann, um sich in den Wellen zu erfrischen. Danach wandern Sie wieder hinauf und lassen den Palast, den bemalten Tempel und El Castillo weiter auf sich wirken.

Und vergessen Sie nicht Yucatáns magische Welt unter Tage. Auch wenn Sie den Weg zum Hades der Maya vermutlich nicht bis zum Ende gehen, sollten Sie unbedingt bei

Die Ik-Kil Cenote bei Chichén Itzá ist nur eines der vielen wassergefüllten Kalksteinlöcher, in denen man auf der Halbinsel schwimmen kann.

einem seiner Zugänge vorbeischauen, denn die *cenotes* sind eine besondere Attraktion in der Region. Die dolinenartigen Kalksteinlöcher sind von üppigem Grün bewachsen und oft mit glasklarem blaugrünem Wasser gefüllt, in einigen kann man sogar baden und tauchen.

Die Natur können Sie auch an vielen anderen Orten erleben. Im Biosphärenreservat Sian Ka'an leben Hunderte von Vogel-, Reptilien-, Fisch- und Säugetierarten, und es ist ein guter Platz, um Seekühe zu beobachten. Durchstreifen Sie das Reservat einen Tag zu Fuß oder mit dem Boot – oder gleiten Sie durch die Mangrovenwälder des fast 600 Quadratkilometer großen Nationalparks Celestún. Flamingos, Reiher und Pelikane überwintern hier und gefährdete Meeresschildkröten legen hier ihre Eier ab.

So schön die Natur Yucatáns auch ist, gelegentlich macht ihr das Stadtleben Konkurrenz, zum Beispiel in Mérida. Das kulturelle Zentrum der Halbinsel eignet sich mit seinen vielen Museen, Theatern, Kirchen, Plätzen, Parks und Haziendas ideal für einen Besuch. Vor allem am Donnerstagabend, wenn die Serenatas Yucatecas in den kolonialen Arkaden des Parque Santa Lucía erklingen. Dort finden Sie auch das Apoala, einen beliebten Treffpunkt mit Oaxaca-Küche und einer romantischen Terrasse.

Eine völlig andere Art von städtischem Flair erleben Sie im Badeort Playa del Carmen. Hier heißen die Hauptattraktionen »Sonne, Sand und Wellen«. Nach den ganzen Auf- und Abstiegen der Reise sind ein paar Liegestühle am Strand mit leckeren Margaritas daneben genau das, was Ihr innerer Schamane verschreiben wird.

Ein Paar in bunter Tracht tanzt bei einer Fiesta.

REISEPLANUNG

ÜBERNACHTEN • Das Rosewood Mayakobá am Riviera Maya liegt in einer Oase mit Kanälen und Lagunen, in der man sich zu Fuß oder mit dem Boot fortbewegt. Die romantischsten Zimmer sind die »Overwater-Lagoon-Suiten«, die über Dusche im Außenbereich, kleinen Pool und privaten Bootsanleger verfügen. Wenn Sie die Eclipse Sun & Moon-Fahrt buchen, holt Sie ein Boot an Ihrem Anleger ab und bringt Sie zur privaten Spa-Insel. Auf der Karte: Schrubben mit Kakao-Blütenblätter-Wickel und anschließend eine unvergessliche Massage. *rosewoodhotels.com*

ESSEN • Das Aldea Corazón ist ein Gourmet-Paradies, das sich hinter einem unscheinbaren Eingang in der 5ta avendia norte in Playa del Carmen verbirgt. Im idyllischen Garten mit kleinem *cenote* und Wasserfall werden fantasievolle Vorspeisen wie mit Mezcal flambierter Schmelzkäse serviert. *grupoazotea.com*

UNTERNEHMUNGEN • Besuchen Sie die Isla Holbox an der nordöstlichen Spitze der Halbinsel. Die stille Insel liegt im Yum-Balam-Biosphärenreservat. Autos gibt es hier keine, dafür einen langen Strand zum Schwimmen, Schnorcheln und Kitesurfen – oder einfach zum Seele baumeln lassen.

KANADA

QUÉBEC

Dampfender Glühwein, winterliche Schlittenfahrten und Schneeballschlachten im Bikini

Die Straßen im winterlichen Québec sind für die Festtage geschmückt.

SOUVENIRS DU LYS
LE FORT
FUNICULAIRE
DANS
CETTE RU
la pomme

Schon lange bevor der Disney-Animationsfilm *Die Eiskönigin – Völlig unverfroren* die Welt eroberte, wusste man in Québec, dass einem ordentlich verführerischen Winterwunderland kaum jemand widerstehen kann. Schon Jahrzehnte vor Arendelles Winterzaubereien legte sich Kanadas Hauptstadt klingelnde Rentierschlitten, ein knuffiges Schneemann-Maskottchen sowie einen Eispalast zu und verzaubert damit bis heute Einheimische wie Besucher mit einem Wintermärchen im Großformat. * Seine volle Wirkung entfaltet das Spektakel während des Karnevals von Québec, der seit dem 19. Jahrhundert gefeiert wird und bei dem der Schneemann »Bonhomme« sein Zepter – beziehungsweise seine Reden – schwingt.

Die über zwei Meter hohe Figur kennt und liebt jeder Québécois seit seiner Kindheit. Ende Januar übergibt der Bürgermeister dem Bonhomme die Schlüssel der Stadt und die nächsten paar Wochen übernimmt der liebenswürdige Riese vom Eispalast gegenüber dem Parlament aus das Kommando und lässt Nachtparaden, Eiskonzerte und ähnlich Winterliches aufführen. Zu festgelegten Besuchszeiten können Sie sein Refugium sogar besichtigen.

Ob als Zuschauer oder als Teilnehmer – das Kanurennen über den gefrorenen St.-Lorenz-Strom sollten Sie sich nicht

Das Fairmont Le Château Frontenac überragt mit seinem Turm die Silhouette der Stadt.

entgehen lassen, ebenso wenig den internationalen Schneeskulpturenwettbewerb sowie die Rentier- und Hundeschlittenfahrten. Abgehärtete Winterfreaks können sich in das Schneebad stürzen – eine Schneeballschlacht in Badehose oder Bikini, bei der immerhin warme Stiefel erlaubt sind. Wie auch immer Sie das weiß-bunte Treiben genießen, Sie werden schnell lernen, wie man sich am besten aufwärmt: sich aneinander kuscheln und reichlich *Caribou* trinken – einen Glühwein à la Québec, den man traditioneller Weise aus hohlen Stöcken trinkt, deren Knauf aus einem Bonhomme-Kopf besteht. Untrennbar mit dem Fest verbunden sind auch die *Cabanes à sucre* (Blockhütten voller Süßigkeiten aus Ahornsirup), Eisbars im Freien (versuchen Sie den Eiswein oder Eis-Cidre) und die Poutine (eine Spezialität bestehend aus Pommes frites, Käsewürfeln und Soße).

Selbst wenn Sie nicht zum Karneval anreisen, hat Québec im Winter etwas von einem Wunderland. Spazieren Sie über die Hängebrücke am Montmorency-Fall, der 30 Meter höher ist als die Niagara-Fälle und in bizarren Formen vereist. Der Fall birgt jedoch eine traurige Legende. Als im 18. Jahrhundert eine Québecer Braut erfuhr, dass ihr Verlobter in einer Schlacht gefallen war, soll sie ihr Brautkleid angezogen und sich den Wasserfall hinuntergestürzt haben. Einheimische behaupten, man könne sie in der Gischt sehen.

Ein »De luxe-Zimmer« im Fairmont Le Château Frontenac.

Unvergesslichen Winterzauber versprechen auch die Eislaufbahn am Place d'Youville sowie die Toboggan Slide Au 1884, ein Fahrgeschäft aus dem 19. Jahrhundert, bei dem man mit enormer Geschwindigkeit Eisbahnen hinabrodelt.

REISEPLANUNG

ÜBERNACHTEN • Das Fairmont Le Château Frontenac steht am Ufer des St. Lorenz-Stroms. Am behaglichen Kamin der 1608 Wine & Cheese Bar im Hotel können Sie es sich gemütlich machen. Im heißen Becken des Solariums im sechsten Stock werden Sie sich wie in einem romantischen Märchen fühlen, wenn Sie beobachten, wie die Schneeflocken fallen und von den Dächern der Stadt der Rauch aufsteigt. *fairmont.com*

ESSEN • Das Restaurant Panache befindet sich im Luxushotel Auberge Saint-Antoine, in einem romantischen alten Lagerhaus, mit Holzgebälk, Steinmauern, bequemen Stühlen, einem verglasten offenen Kamin in der Mitte – und einem Koch, der in einigen Sternerestaurants in Europa gelernt hat. Was Sie auch essen, lassen Sie Platz für das Dessert. Das Caramel-Mille-Feuille wird mit drei Sorten Vanilleeis serviert, das mit Vanille aus Tahiti, Mexiko und Madagaskar zubereitet wird. *saint-antoine.com*

UNTERNEHMUNGEN • Unternehmen Sie einen Tagesausflug zum Hôtel de Glace, einem Hotel aus Eis, inklusive Eisbar, Eiskapelle und Eislaufbahn. Mit einer Eintrittskarte können Sie neben dem öffentlichen Bereich auch die Gästezimmer besichtigen. Den Gästen gehören ihre Zimmer nur nachts allein. *hoteldeglace-canada.com*

DIE KARIBIK

Von Palmen gesäumte Strände,
mildes Klima und türkisblaues Meer

Blick über die Boote, die bonbonfarbenen Dächer und das strahlend blaue Wasser im Hafen von Gustavia.

»Die karibische Wirklichkeit«, sinnierte der berühmte Schriftsteller Gabriel García Márquez, »übertrifft die kühnsten Vorstellungen.« So wie beispielsweise die organisch geschwungenen, zu den Zimmern gehörenden Infinity-Pools des Jade Mountain Resort auf St. Lucia oder die bonbonfarbenen Häuser von Curaçao – neben all den anderen traumhaften Entdeckungen, die Sie auf diesen wunderbaren Inseln machen werden: urspüngliche Strände, warme Riffs mit einer bunten Unterwasserwelt; Hibiskusblüten auf Ihrem Bett; und eine überaus herzliche Gastfreundschaft, durch die Sie sich wie zu Hause fühlen.

Segeln Sie im blaugrünen Meer vor Saint-Barthélemy.

SAINT-BARTHÉLEMY

Kolumbus hatte die Insel 1493 nach seinem Bruder Bartolomeo benannt, aber erst als sich David Rockefeller 1957 ein Anwesen auf Saint-Barthélemy kaufte, wurde die exklusive Insel zu dem, was sie heute ist. Bald folgte der Jetset dem berühmten Banker und ließ sich von der magischen Insel verzaubern. Die kleine »Insel über dem Wind« wurde zum karibischen Promi-Eiland, mit einer berauschenden Mischung aus Glamour und Schönheit; träumen Sie von sanften Hügeln, reichem Grün und unglaulich perfekten Stränden.

Trotz der todschicken Szene-Treffpunkte prägen die Strände das Bild der Insel. Am malerischen Colombier Beach legt sich der Wald halbkreisförmig um das ruhige Meer. Hierher gelangt man nur mit dem Boot – oder zu Fuß. Der Corossol Beach lockt mit traditionellen Fischerbooten und der Strand von Marigot ist ein ausgezeichnetes Schnorchelrevier. Die Liste ist schier endlos, aber wohin auch immer es Sie tagsüber verschlägt, romantische Zweisamkeit bei Sonnenuntergang sollten Sie am Shell Beach genießen. Breiten Sie Ihre Picknickdecke aus und feiern Sie Ihre Liebe.

REISEPLANUNG

ÜBERNACHTEN • Das Cheval Blanc ist schlicht und hell (Bild gegenüber) eingerichtet. Das Hotel steht an der breiten – und weithin bewunderten – Baie des Flamands in einem bunten tropischen Garten. Eine Paarmassage unter freiem Himmel und ein romantisches Picknick auf dem benachbarten Desert Island gehören hier zum Verwöhnprogramm. *stbarthisledefrance.chevalblanc.com*

Der Gartenbungalow
des Hotels Cheval Blanc
im klassischen Stil der
französischen West Indies.

Vom privaten Infinity-Pool der Zimmer im Jade Mountain Resort aus schweift der Blick über die Pitons.

ST. LUCIA

»I come from a place that likes grandeur«, schrieb der auf St. Lucia geborene Dichter und Literaturnobelpreisträger Derek Walcott. Und tatsächlich geizt der karibische Inselstaat nicht mit großen Gesten, die Sie schon beim Landeanflug aus der Luft bestaunen können: zwei inaktive Vulkane, die Twin Pitons (kurz Pitons) genannt werden und zum UNESCO-Welterbe gehören. Die beiden spitzen Kolosse mit ihren bewaldeten Hängen scheinen aus dem Meer direkt in den Himmel zu wachsen.

Sie werden reichlich Gelegenheit haben, dem Vulkan-Duo näher zu kommen. Wandern Sie auf den Gros Piton, schon alleine der Herausforderung wegen – und wegen des Gipfelpanoramas. Oder werfen Sie beim Zip-Lining einen Blick auf den Petit Piton, während Sie über einer Plantage mit Palmen, Kakao-, Kaffee- und Mangobäumen durch die Luft sausen.

Eine weitere überaus beliebte Attraktion der Pitons ist das Geothermiefeld, gerne auch »Drive-in-Vulkan« genannt. Hier warten zahlreiche dampfende Löcher, blubbernde Tümpel und schwefelige Quellen auf Sie. In einigen der Schwefelbecken darf man baden, nur an den Geruch muss man sich gewöhnen. Doch sobald Sie gemeinsam darin versinken, entfaltet der Schwefel seine wohltuende Wirkung und Sie können die spektakuläre Umgebung umso besser genießen.

Und last but not least können Sie die Pitons auch wunderbar mit Schnorchel und Tauchermaske erkunden. Nehmen Sie ein Boot zum Fuß der Berge. Die Unterwasserwelt dort ist, um Walcott beizupflichten, ein Ort majestätischer Erhabenheit.

REISEPLANUNG

ÜBERNACHTEN • Das Jade Mountain Resort entwarf der Architekt Nicholas Troubetzkoy. Die Zimmer hier heißen nicht umsonst Sanctuaries (heilige Stätten). Die Suiten liegen an einem Steilhang und die Mauer nach vorne fehlt. Nichts steht zwischen Ihnen und den Pitons, ob Sie sie nun vom riesigen Bett, noblen Liegestuhl oder privaten Infinity-Pool aus bestaunen. Auch die Küche ist vom Feinsten. *jademountain.com*

Bunte alte Häuser und Restaurants schmücken die Uferpromenade von Curaçao.

CURAÇAO

Die Schönheit der Karibikinsel Curaçao ist fast unwirklich – angefangen bei ihrer Hauptstadt: bunt gestrichene holländische Kolonialhäuser aus dem 17. Jahrhundert am Ufer der Handelskade; die Königin-Emma-Brücke, die jedes Mal hochgezogen wird, wenn ein großes Schiff in den Hafen gleitet. Vermutlich würden Sie am liebsten einen Tisch in einem der Cafés an der schwimmenden Brücke mieten, um mit einem Cocktail in der Hand den ganzen Tag dem Schauspiel zuzusehen.

Doch Curaçao gehört zu den Orten, an denen Sie im Meer ebenso gut Zeit wie an Land verbringen können, und unter Wasser wird es sogar noch traumhafter: Tauchplätze mit dunkelgrauem Vulkansand am Einstieg wie der Santu Pretu oder der magische Mushroom Forest, der an 65 Tauchspots riesige Korallen, gepunktete Octopusse und bunte Fische präsentiert, die jedes bonbonfarbene Haus an Land vergessen machen.

REISEPLANUNG

ÜBERNACHTEN • Die Lodge Kura Hulanda & Beach Club Westpunt liegt auf einer kleinen Klippe am Meer, nicht weit von einem der beliebtesten Tauchreviere in Curaçao entfernt: Er trägt den schönen Namen »Alice in Wonderland«. Dort warten Grüne Muränen, Hummer, Sternkorallen und eine bunte Auswahl an Fischen auf Sie. *kurahulanda.com*

ST. VINCENT UND DIE GRENADINEN

So wie man auf Saint-Barthélemy von Strand zu Strand hüpft, hüpft man in St. Vincent und die Grenadinen von Insel zu Insel. Machen Sie Petit St. Vincent zu Ihrem Stützpunkt und die Motorbootflotte des Hauses wird Sie von dort zu namhaften Nachbarn bringen (siehe ÜBERNACHTEN).

Fahren Sie zuerst zu den Tobago Cays. Die winzigen Inseln liegen in einem sagenhaften Meeresschutzgebiet (lies: fabelhaftes Schnorcheln). Danach können Sie in Carriacou den traditionellen Bootsbau von Windward Village kennenlernen – oder die legendäre Pizza von Lazy Turtle. Am anderen Ende der Kette liegt Mustique mit palastartigen Villen entlang der Küste. Genehmigen Sie sich einen Drink in Basil's Bar, wo Sie Mick Jagger oder Kate Middleton treffen können. Golfer werden mit dem 18–Loch-Platz auf Canouan glücklich. Und auf Happy Island, der unvergleichlichen Schneckenmuschelinsel, warten garantiert ein Lächeln und wirklich gute Drinks auf Sie.

REISEPLANUNG

ÜBERNACHTEN • Petit St. Vincent gehört zu den von National Geographic als weltweit einzigartig gelisteten Unterkünften und lockt mit schönem Meerblick und begnadeten Spa-Therapeuten. Ihre Wünsche teilen Sie hier dem Personal mittels Semaphorsystem mit, anstatt via Telefon: Sie möchten Ihre Lieblingsdrinks an der Hängematte genießen? Hissen Sie die gelbe Flagge am Mast vor Ihrer Hütte. Sie wollen Ihre Ruhe? Dann hoch mit der roten Flagge. *petitstvincent.com*

Eine Meeresschildkröte begegnet einen Schnorchler vor der Inselgruppe Tobago Cays.

DEUTSCHLAND

ROMANTISCHE STRASSE

Prunkvolle Märchenschlösser, mittelalterliche Fachwerkhäuser und vieles mehr

Willkommen im Land der Märchen, wo mittelalterliche Städte und romantische Schlösser auf Sie warten – wie beispielsweise Schloss Neuschwanstein, das als Inspiration für Disneys *Aschenputtel* diente. Bayerns Märchenkönig Ludwig II., ein einsiedlerischer Träumer, ließ das Schloss im 19. Jahrhundert in den bayerischen Alpen mit Blick über die Schlucht und die Wälder Hohenschwangaus erbauen. Heute lockt es mit seiner prunkvollen Ausstattung und traumhaften Lage zahlreiche Besucher an und bildet einen wundervollen Ausgangspunkt für eine Reise auf der Romantischen Straße.

Auf rund 410 Kilometern führt dieser Rad und Weitwanderweg durch idyllische Landschaften Bayerns und Baden-Württembergs, vorbei an mittelalterlichen Burgen, hübschen Städten und – in der Adventszeit – zu Weihnachtsmärkten, die mit glitzernden Christbäumen, Weihnachtsliedern und heißer Feuerzangenbowle vor romantischer Kulisse für besinnliche Stimmung sorgen. Die schneebedeckten Wälder am Wegesrand tun ihr Übriges, damit Sie in Kuschellaune kommen.

Oben links: Üppig verzierte Pralinen gehören zu den Leckereien entlang der Romantischen Straße. *Oben Mitte:* Das mittelalterliche Rothenburg ob der Tauber ist berühmt für seinen Weihnachtsmarkt. *Oben rechts:* Ein weihnachtliches Lebkuchenherz bietet sich als romantisches Erinnerungsstück an. *Gegenüber:* Blick vom Perlachturm auf die Zwiebeltürme des Augsburger Rathauses in der Altstadt.

Leckereien und Kunsthandwerk erwarten Sie beim Bummel über Rothenburgs Weihnachtsmarkt.

Beginnen Sie mit einer Führung durch das prächtige Schloss Neuschwanstein, wo Sie mit Anekdoten über den exzentrischen Bauherren unterhalten werden. Danach führt Sie die Schlössertour in das nahe Hohenschwangau und nach Linderhof. Lohnend ist auch ein Besuch von Füssen an der österreichischen Grenze, nahe am Lech und umgeben von mehreren Alpenseen. Nach einem Bummel durch die märchenhaft romantische Stadt, die unter anderem durch ihre Lautenmacher und Geigenbauer Berühmtheit erlangte, geht es dann weiter in Richtung Norden.

Alle Schätze entlang der Romantischen Straße zu besuchen, würde eine ganze Ewigkeit dauern – wenn Sie nicht ganz so viel Zeit haben, müssen Sie sich leider auf ein paar Highlights beschränken: die Wallfahrtskirchen im Pfaffenwinkel (siehe UNTERNEHMUNGEN), die Städte Nördlingen und Dinkelsbühl mit ihren mittelalterlichen Mauern und Rothenburg ob der Tauber, das ein romantisches Gesamtpaket darstellt. Die bestens erhaltene mittelalterliche Stadt zählt zu den berühmtesten Stationen an der Romantischen Straße und bezaubert mit Kopfsteinpflastergassen, Fachwerkhäusern, imposanten Türmen und einem besonders schönen Weihnachtsmarkt. Der Reiterlesmarkt, den es schon seit dem 15. Jahrhundert gibt, findet im Advent auf dem mittelalterlichen Marktplatz statt. Hier locken Kunsthandwerk, Getränke, süße Leckereien (probieren Sie unbedingt die Schneeballen, knuspriges Schmalzgebäck mit Kirschwasser) und der Blick auf das Rothenburger Reiterle, das in persona hoch zu Ross seit dem Mittelalter die Weihnachtszeit einläutet. Um es zu sehen, müssen Sie zu Adventsbeginn kommen.

Richtung Norden warten noch mehr hübsche Weihnachtsmärkte, zum Beispiel im Hof von Schloss Weikersheim aus der Renaissance und vor dem Kurmainzischen Schloss aus dem 13. Jahrhundert in Tauberbischofsheim.

Schließlich erreichen Sie Würzburg, das direkt am Main in einem berühmten Weinbaugebiet liegt. Hier können Sie gar nicht anders, als eine Flasche mit den edlen Tropfen der Region zu bestellen und auf Ihr ganz persönliches Märchen-Happy-End anzustoßen.

Oben: Das prunkvoll verzierte Deckengewölbe der Stadtpfarrkirche Mariä Himmelfahrt in Landsberg am Lech.
Gegenüber: Das winterlich verschneite Schloss Neuschwanstein oberhalb von Hohenschwangau bei Füssen.

REISEPLANUNG

ÜBERNACHTEN • Das Hotel Tilman Riemenschneider in Rothenburg befindet sich in einer ehemaligen Brauerei mit Fachwerk aus dem 16. Jahrhundert – am besten buchen Sie hier eines der nostalgischen Flitterwochenzimmer mit handbemalten Himmelbetten. Auch die Lage ist unschlagbar. Wenn der weiße Glühwein (eine lokale Spezialität) auf dem Weihnachtsmarkt gar zu gut geschmeckt hat, kein Problem: Das Hotel ist nur wenige Gehminuten entfernt. *tilman-riemenschneider.de*

ESSEN • Das Bürgerspital Würzburg in einem ehemaligen Spital aus dem 14. Jahrhundert in der Altstadt wartet mit Gewölbedecken, Nischen mit Kerzenlicht und preisgekrönten Weinen in Weinstuben, Weinbar und Restaurant auf. Zum luftgetrockneten Rinderschinken passen weißer Silvaner oder roter Blaufränkischer. *buergerspital-weinstuben.de*

UNTERNEHMUNGEN • Auch wenn Sie nicht gläubig sind, sollten Sie sich die prächtigen Kirchen an der Romantischen Straße nicht entgehen lassen. Die wohl berühmtesten stehen im Pfaffenwinkel. Beginnen Sie mit der Wieskirche, einer bedeutenden Wallfahrtskirche und Perle des Rokoko. Sehenswert ist auch die Stiftskirche von Kloster Rottenbuch aus dem 11. Jahrhundert, die im 18. Jahrhundert barockisiert wurde und heute als Pfarrkirche dient.

SÜDOSTASIEN

Wo Spiritualität auf Sinnlichkeit trifft

Die Halong-Bucht in Vietnam leuchtet bei Sonnenuntergang golden auf.

»Ich lag in meinem Bett, wach gehalten von mehr als nur Jetlag ... ich blätterte wehmütig durch meine Fotos und las immer wieder in meinen Tagebüchern, als könne ich damit irgendein Geheimnis lüften. Hätte jemand diese seltsame Szene beobachtet, er hätte wohl den richtigen Schluss gezogen: Ich war verliebt«, schrieb Pico Iyer in seinem Blog *Why We Travel* nach einer Südostasien-Reise. Und Iyers Fernweh ist durchaus nachvollziehbar, denn irgendwo in diesen magischen Regionen, zwischen schwimmenden Märkten und Imbissbooten, zwischen Reisfeldern, Palmen und Zitronengras, kann man sehr leicht sein Herz verlieren.

Mönche beim zeremoniellen Almosengang in Luang Prabang.

LUANG PRABANG, LAOS

Luang Prabang, ein Schmuckkästchen im Großformat am Zusammenfluss von Mekong und Nam Khan, ist Heimat einiger der prächtigsten Tempelanlagen des Buddhismus. Erkunden Sie den Wat Xieng Thong aus dem 16. Jahrhundert, dessen Fassade mit einem Mosaik aus Tausenden von bunten Steinchen den Lebensbaum zeigt. Ebenso grandios sind die filigran gearbeitete Fassade des Wat Sene oder die schlanken goldenen Türme des Hügeltempels Wat Chomsi, der – nach einem Aufstieg über 328 Stufen – weite Sicht über Fluss und Stadt bietet.

Verpassen Sie angesichts solcher Pracht aber nicht die anderen Attraktionen der Region – wie beispielsweise den morgendlichen Almosengang der Mönche. Bei dieser uralten Tradition säumen Gläubige die Straßen, um die Bettelschalen der Mönche zu füllen. Die schweigsamen Männer in ihren safranfarbigen Gewändern und die andächtige Großzügigkeit der Menschen sind so ergreifend, dass es sich lohnt, um fünf Uhr aufzustehen. Anschließend vertreibt ein starker Kaffee in einem der zahlreichen Cafés der Stadt sowieso jede Müdigkeit.

REISEPLANUNG

ÜBERNACHTEN • Im Hotel Amantaka spielen die klosterähnlichen Suiten und idyllischen Gärten auf Luang Prabangs buddhistisches Erbe an und das noble Mobiliar auf die Zeit des Landes als französische Kolonie. Viele Suiten haben eigene Pools. Und wenn Ihnen der Sinn nach einer Flussfahrt steht, buchen Sie eine private Mekong-Tour im hoteleigenen Boot – samt Cocktails und elegantem Dinner. *aman.com*

Das Schlafzimmer der »Taka-Mekong-Suite« im Amantaka in Luang Prabang verfügt über ein romantisches Himmelbett.

Romantik par excellence: eine Kajaktour durch die smaragdgrünen einsamen Lagunen an Palawans Bacuit-Bucht.

PALAWAN, PHILIPPINEN

Palawan zählt nicht ohne Grund zu den herrlichsten Gegenden der Welt. Die Provinz besteht aus insgesamt 1780 Inseln, die sich in Sachen Schönheit gegenseitig überbieten. Einige sind flach, geschwungen und vollständig von unberührtem Wald bedeckt. Andere ragen steil aus dem Meer empor, haben zerklüftete Klippen, und aus den Felsspalten recken sich in den unmöglichsten Winkeln zaundürre Pflanzen gen Himmel. Wieder andere strecken sich wie winzige Fingerchen aus dem smaragdgrünen Wasser – so, als gäben Sulusee und Chinesisches Meer, die sich den Archipel teilen, regelmäßig mit dem »Daumen-hoch-Zeichen« ihre Zustimmung.

Außer den Inseln selbst gilt es unzählige Lagunen, Höhlen und Buchten zu erkunden – am besten per *bangka*. Bei diesen traditionellen philippinischen Bambusbooten weiß man nie, in welcher Farbe das nächste um die Ecke kommt, denn es gibt sie in allen erdenklichen Farben.

Aber selbst die knalligsten Boote können es nicht mit der Farbenpracht unter Wasser aufnehmen. Schwimmen, schnorcheln oder tauchen Sie zwischen leuchtenden Anemonen, Clownfischen, Regenbogen-Papageifischen, silbernen Hechten, gelb gestreiften Süßlippenfischen und Tausenden anderen Unterwassergeschöpfen.

Ein Highligt ist auch das Riff vor Miniloc Island in den El Nido Resorts, einer Schwesteranlage unweit Ihrer eigenen Unterkunft (siehe ÜBERNACHTEN). Obwohl Sie Ihrem Urlaubsdomizil auf Lagen Island gerne die Treue halten, werden Sie sich auch sofort ins Schnorchelrevier vor Miniloc verlieben – ein weiterer Beweis dafür, wie sich die Palawan-Inseln gegenseitig übertreffen.

REISEPLANUNG

ÜBERNACHTEN Das El Nido Resort auf Lagen Island bietet eine klare Bucht als Fußmatte und Kalksteinklippen als Hinterhof. Tagsüber bringt Sie eine *bangka* zu den schönsten Stränden und Lagunen, und am Abend – nach dem berühmten Lagen-Island-Sonnenuntergang – werden für Sie auf Wunsch private Abendessen am Pier oder auf einer Sandbank arrangiert. *elnidoresorts.com*

Die Reisterrassen bei Ubud auf Bali sind ein unvergesslicher Anblick.

BALI, INDONESIEN

Wenn Sie mit eigenen Augen sehen wollen, warum die Bestseller-Autorin Elizabeth Gilbert Bali als Liebes-Schauplatz für den dritten Teil ihres Romans *Eat, Pray, Love* ausgewählt hat, reisen Sie am besten direkt in die hügelige, oft malerisch von Wolken umspielte Kleinstadt Ubud – mit ihren leuchtend grünen Reisterrassen, von Dschungel umgebenen Tempeln und nächtlichen Feuertänzen Magie pur. Zudem liegt Ubud sehr zentral und bietet sich als Basis für Ausflüge auf die ganze Insel an. Ein grandioser Start wären etwa die Reisterrassen von Jatiluwih. Besuchen Sie dann die Küstentempel – am dramatischsten liegt wohl Pura Luhur Uluwatu hoch oben auf einer Klippe, großartig bei Sonnenuntergang. Nicht versäumen sollten Sie auch den Vulkan Gunung Agung, den höchsten Berg der Insel, mit dem hinduistischen Heiligtum Pura Besakih und herrlicher Aussicht. Erholung danach finden Sie bei einer weiteren balinesischen Attraktion: einer Javanischen Spa-Behandlung, die rundum glücklich macht.

REISEPLANUNG

ÜBERNACHTEN Im COMO Shambhala Estate logiert man in abgeschiedenen, luxuriösen Häuschen, die sich in einer mystischen Flusslandschaft verteilen. (Vorsicht: Die hiesigen Affen stibitzen gerne Früchte aus dem Obstkorb.) Das Resort ist auch für seine Spa-Angebote bekannt, viele davon werden in offenen Pavillons mitten in der Natur ausgeführt. *comohotels.com*

HAT KHAO LAK, THAILAND

Die Andamanensee wird seit Jahrtausenden von Handelsschiffen befahren, doch an ihrer Küste findet man Schätze, die noch wertvoller sind als Seide oder Gewürze: eine ganze Perlenkette romantischer Strände. Diese als Hat Khao Lak bekannten weißen Sandstrände werden von üppig grünen Hügeln und türkisblauem Wasser eingefasst und bieten traumhafte Möglichkeiten, die Seele baumeln zu lassen.

Ein paar Vorschläge für Ihre Urlaubsgestaltung: Schippern Sie in einem traditionellen thailändischen Longboat im türkisblauen Wasser der Phang-Nga-Bucht oder nehmen Sie an einer Elefanten- oder Kanu-Safari durch den Urwald im Khao-Sok-Nationalpark teil. Schön ist auch ein Bummel durch die Märkte und Teehäuser der hübschen Dörfer. Egal, wohin Sie Ihre Ausflüge auch führen: Die schönste Erinnerung an Hat Khao Lak wird das süße Nichtstun an einem dieser unglaublich idyllischen Strände sein.

REISEPLANUNG

ÜBERNACHTEN Im The Sarojin logieren Sie mitten im Grünen, in einer schön gestalteten Anlage am Meer, in der sich »Imagineers« atemberaubende romantische Erlebnisse ausdenken wie etwa Schwimmen unterm Sternenzelt, Dinner für Zwei an einem kerzenbeschienenen Wasserfall, Thai-Kochkurse für Paare am Flussufer, oder eine Bootsfahrt zu einem Sonnenuntergangs-Aussichtspunkt inklusive Champagner. *sarojin.com*

Im Urlaubsresort The Sarojin in Thailand genießen Sie dank luftiger Vorhänge sogar am Pool Privatsphäre.

BRASILIEN

RIO DE JANEIRO

Seilbahnfahrten, endlose Strände und Samba-Rhythmen

Brasiliens zweitgrößte Stadt strahlt eine Sinnlichkeit aus, die einem den Atem nimmt und den Kopf verdreht – wunderbar beschrieben vom Soulsänger Barry White in seinem Song *Rio de Janeiro*: »Any time, day or night, everything is so alive ... it blows your mind.« Ganz besonders aber im Februar, wenn Rios berühmter Karneval die Stadt zum Kochen bringt: heiße Samba-Rhythmen, Tänzerinnen in glitzernden Kostümen, feiernde Menschen und Caipirinha in rauen Mengen. * Und all dies vor einer der schönsten Kulissen der Welt: Corcovado, Zuckerhut und Guanabara-Bucht mit traumhaften Stränden.

Selbstverständlich ist in Rio auch abgesehen vom Karneval einiges geboten. Wenn bei uns Winter ist, ist in Brasilien Sommer – planen Sie also viel Zeit für Schwimmen und Sonnenbaden (und Leute gucken) an den Stränden von Ipanema, der Copacabana und Barra da Tijuca ein. Von der kleinen Praia Vermelha, deren Sand nicht schneeweiß, sondern rötlich ist, können Sie mit der Seilbahn auf den Zuckerhut fahren, der den schönsten Blick über Rio bietet.

Nicht minder umwerfend ist ein Bummel auf der berühmten Strandpromenade mit dem Wellenmuster.

Erfrischen können Sie sich unterwegs mit köstlichem *água de coco* (Kokosnusswasser).

Oben links: Bei Sonnenuntergang lassen Surfer am Strand von Ipanema den Tag ausklingen. *Oben Mitte:* Bewundern Sie im ausgelassenen Karneval die farbenfrohen Federkostüme. *Oben rechts:* Entspannen Sie in der »Deluxe-Suite« im Hotel Fasano.

Die Seilbahn zwischen Zuckerhut und Praia Vermelha legt auf dem Morro da Urca (220 Meter) einen Zwischenstopp ein.

REISEPLANUNG

ÜBERNACHTEN • Im Fasano sind Sie das »Girl (oder der Boy) from Ipanema«. Das von Philippe Starck entworfene Hotel, das nur durch eine Straße von dem legendären Strand getrennt wird, erinnert mit Vintage-inspirierten Uniformen und kopierten Möbeln aus der Mitte des 20. Jahrhunderts an die goldenen Tage des Bossa Nova – eine der geschichtsträchtigsten und romantischsten Epochen in Rios Vergangenheit. Bitten Sie um ein Zimmer zum Strand mit grandioser Aussicht sowohl vom Balkon als auch vom Bett aus. Und stilvoll geht es auch an den Strand – das Hotel stellt Flip-Flops von Designer Oskar Metsavaht. *fasano.com.br*

ESSEN • Aprazivel bietet mit Pavillons auf einem schön angelegten Hügel Blick auf Rio und die Baía de Guanabara sowie fantasievolle pan-brasilianische Küche (probieren Sie die gebackenen Palmherzen mit Pesto, Basilikum und Cashewkernen). Abends ist der von Tukanen bevölkerte Garten dank der Lüster und Kerzen besonders magisch. *aprazivel.com.br*

UNTERNEHMUNGEN • Erklimmen Sie die höchste Erhebung der Stadt – hoch zur legendären Cristo-Redentor-Statue – auf die langsame Art, und zwar mit der Zahnradbahn, die während der Errichtung der Statue das Baumaterial auf den Corcovado brachte. Sie erleben Geschichte und passieren dabei den grandiosen Tijuca-Stadtpark. *tremdocorcovado.rio*

Polarlichter tanzen am nächtlichen Himmel Schwedens.

Eine Beziehung auf Eis zu legen verheißt normalerweise nichts Gutes – im winterlichen Schweden dagegen ist es der Inbegriff von Romantik. In der eisigen Polarregion Jukkasjärvi logieren Sie komfortabel in einer Hotelanlage, die als weltweit erstes Eishotel seit 1989 alljährlich ihre glitzernden Pforten öffnet. Hier ist man darauf spezialisiert, Paare mit romantischen Highlights zu verwöhnen – Polarlichter inklusive. * Eine Garantie für das nächtliche Naturschauspiel gibt es nicht, aber Sie können Ihre Chancen maximieren.

Lassen Sie sich beispielsweise im Fall einer Polarlicht-Show am Himmel vom Hotel wecken oder nehmen Sie an einer Polarlicht-Schneemobiltour oder einer »Hundeschlitten-Safari« mit den berühmten Huskys teil. Oder unternehmen Sie einen Ausflug zur rund 90 Autominuten entfernten Aurora Sky Station im Abisko-Nationalpark – dank des fast ständig wolkenlosen Himmels ist dies der wohl beste Platz der Erde, um das Polarlicht zu sehen. Auch wenn Sie das Nordlicht schon einmal gesehen haben, sollten Sie den Nationalpark besuchen. Dort werden Sie in extrawarme »Polarlicht-Overalls« und Decken eingepackt und fahren mit dem Sessellift hinauf zur Sky Station, wo Sie den dunkelsten – und dennoch schillerndsten – Himmel bestaunen können, den Sie jemals gesehen haben.

Eine Holzkapelle malt einen Farbtupfer in die weiße Schneelandschaft Jukkasjärvis.

Um das romantische Erlebnis stilvoll abzurunden, buchen Sie das viergängige Nordlicht-Dinner mit Rentiersteaks.

Natürlich gibt es auch tagsüber in Jukkasjärvi viel zu tun. In der historischen Provinz Lappland können Sie auf Islandpferden durch Kiefernwälder streifen, eine urwüchsige Landschaft, die an *Die Chroniken von Narnia* erinnert (wohl nicht ohne Grund benannte sich die schwedische Band Narnia nach dem Fantasyroman). Andere Angebote sind Skilanglauf, Rentierschlitten-Touren, Eisskulptur-Workshops oder Polarfotokurse, in denen Sie lernen, wie den leuchtenden Nachthimmel am besten fotografieren.

Auch Jukkasjärvi selbst sollten Sie nicht links liegen lassen. Die Hauptstraße eignet sich für einen netten, wenn auch kurzen Spaziergang.

Einen Stopp wert ist auch die im 17. Jahrhundert erbaute Holzkirche, Lapplands ältestes erhaltenes Gotteshaus mit einer Orgel aus Birkenholz und Rentierhorn. Wenn die Kirche Sie auf gewisse Gedanken bringen sollte, ziehen Sie dafür eventuell auch die unglaublich stimmungsvolle Eiskirche des Hotels in Betracht, die sich für einen denkwürdigen Heiratsantrag, ein zweites Ehegelübde oder – so Sie vorbereitet angereist sind – die Hochzeit eignet.

Welche Abenteuer Sie auch immer auf dieser Reise erleben – ob im Freien unter dem Nachthimmel oder drinnen auf Ihrem ausgefallenen Eisblockbett –, es wird Sie ganz zwangsläufig näher zusammenbringen. Im Ernst: Wo könnte man stimmungsvoller gemeinsam frösteln und kuscheln?

Ein Paar gibt sich vor dem Altar-Iglu des Eishotels das Jawort.

REISEPLANUNG

ÜBERNACHTEN • Im Icehotel haben Sie die Wahl zwischen Zimmern aus Eis, konventionellen Räumen oder einer Kombination aus beidem. Die »kühlen« Zimmer gibt es mit uriger Tierfell-Ausstattung bis hin zu massiven luxuriösen Suites mit Kissen, Matratzen und eigenen Umkleideräumen, teils sogar mit eigener Sauna. *icehotel.com*

ESSEN • Das Wilderness Dinner im Wildnis-Camp des Icehotels serviert nach einem Willkommensdrink ein mehrgängiges Menü in einer Hütte. Die Gäste strecken sich auf Rentierfellen aus und schauen in den von Sternen und möglicherweise dem Polarlicht erleuchteten Nordhimmel. Nach Dessert und Kaffee geht es zurück ins Eishotel.

UNTERNEHMUNGEN • Saunieren Sie im Icehotel wie die Einheimischen. Zum zehnstufigen Ritual gehört ein Sprung in den Fluss, aus dessen Eis das Hotel erbaut ist, sowie – weniger kalt – ein Bad in einer holzbefeuerten Freiluftwanne.

NATIONAL GEOGRAPHIC

UNIQUE LODGES
OF THE WORLD

Entdecken Sie noch mehr inspirierende, von National Geographic als weltweit einzigartig gelistete Unterkünfte – eine handverlesene Auswahl einzigartiger Refugien, die eine ganz besondere Begegnung mit einigen der schönsten Orte des Planeten ermöglichen. Von Safarizelten in der Wüste bis hin zu strohgedeckten Bungalows im Regenwald bieten die Feriendomizile auf *natgeolodges.com* außergewöhnliche Wohnerlebnisse, die traumhaft schöne Reiseziele durch sanften Tourismus schützen.

AFRIKA

GROOTBOS PRIVATE NATURE RESERVE
Westkap, Südafrika

KASBAH DU TOUBKAL
Hoher Atlas, Marokko

MARA PLAINS CAMP
Olare Motorogi Conservancy, Kenia

OL DONYO LODGE
Chyulu Hills, Kenia

RUBONDO ISLAND CAMP
Rubondo Island National Park, Tansania

SABI SABI EARTH LODGE
Sabi Sand Game Reserve, Südafrika

SAYARI CAMP
Serengeti National Park, Tansania

THE BUSHCAMP COMPANY
South Luangwa National Park, Sambia

TSWALU KALAHARI
Kalahari, Südafrika

ZARAFA CAMP
Selinda Reserve, Botswana

FREGATE ISLAND PRIVATE
Fregate Island, Seychellen

BUSHMANS KLOOF WILDERNESS RESERVE & WELLNESS RETREAT
Westkap, Südafrika

SEGERA RETREAT
Laikipia-Plateau, Kenia

SARARA CAMP
Namunyak Wildlife Conservancy, Südafrika

ASIEN

SUKAU RAINFOREST LODGE
Sabah, Malaysisches Borneo

THREE CAMEL LODGE
Gobi, Mongolei

ZHIWA LING HOTEL
Paro, Bhutan

BANYAN TREE RINGHA
Shangri-La, China

AUSTRALIEN UND PAZIFIK

CAPELLA LODGE
Lord Howe Island, Australien

LIZARD ISLAND
Great Barrier Reef, Australien

LONGITUDE 131°
Northern Territory, Australien

SOUTHERN OCEAN LODGE
Kangaroo Island, Australien

THE BRANDO
Tetiaroa, Französisch-Polynesien

ZENTRALAMERIKA UND KARIBIK

PETIT ST. VINCENT PRIVATE ISLAND RESORT
Petit St. Vincent, St. Vincent und die Grenadinen

PACUARE LODGE
Provinz Limón, Costa Rica

ROSALIE BAY RESORT
Morne Trois Pitons, Dominica

LAPA RIOS ECO LODGE
Morne Trois Pitons, Dominica

TIAMO RESORT
South Andros Island, Bahamas

EUROPA

KAPARI NATURAL RESORT
Santorin, Griechenland

ARISTI MOUNTAIN RESORT & VILLAS
Aristi, Griechenland

ASHFORD CASTLE
Mayo, Irland

NORDAMERIKA

CUIXMALA
Costalegre, Mexiko

FOGO ISLAND INN
Neufundland, Kanada

HACIENDA DE SAN ANTONIO
Colima, Mexiko

NIMMO BAY WILDERNESS RESORT
British Columbia, Kanada

LONE MOUNTAIN RANCH
Big Sky, Montana, USA

SIWASH LAKE WILDERNESS RESORT
Big Sky, Montana, USA

THE RANCH AT ROCK CREEK
Western Montana Wilderness, USA

TUTKA BAY LODGE
Kenai Peninsula, Alaska, USA

WINTERLAKE LODGE
South-Central Alaskan Wilderness, USA

CHURCHILL WILD – SEAL RIVER HERITAGE LODGE
Manitoba, Kanada

THE BENTWOOD INN
Jackson Hole, Wyoming, USA

SÜDAMERIKA

INKATERRA HACIENDA CONCEPCIÓN
Amazonischer Regenwald, Peru

INKATERRA HACIENDA URUBAMBA
Heiliges Tal der Inka, Peru

INKATERRA LA CASONA
Cusco, Peru

INKATERRA MACHU PICCHU PUEBLO HOTEL
Machu Picchu Pueblo, Peru

MASHPI LODGE
Chocó Rain Forest, Ecuador

TIERRA ATACAMA HOTEL & SPA
Atacama-Wüste, Chile

TIERRA PATAGONIA HOTEL & SPA
Patagonien, Chile

RESERVA DO IBITIPOCA
Minas Gerais, Brasilien

Blick auf die Southern Ocean Lodge auf Kangaroo Island in Australien.

ÜBER DIE AUTORIN

Abbie Kozolchyk ist eine preisgekrönte Reise-Autorin und -Redakteurin, die unter anderem bereits in *Travel + Leisure, National Geographic Traveler, Forbes Traveler, Condé Nast Traveler, World Hum* und *Best Women's Travel Writing* veröffentlicht hat.

DANK

Bücher lassen sich wahrscheinlich am besten im Alleingang schreiben, mehr Spaß macht es allerdings im Team. Zumindest meiner Erfahrung nach. Glücklicherweise tummeln sich in meinem Umfeld diverse Textexperten, von denen einige diese Seiten lasen und erheblich verbesserten. Dazu gehört an erster Stelle meine Mutter Billie Kozolchyk, die zwar dazu neigt, alles gut zu finden, was auch immer ihre Kinder anstellen, aber dennoch das ein oder andere unpassende Adjektiv aufspürte. Dann kommt mein geliebter Jim Benning, der nicht nur ein großartiger Mensch ist, sondern zu Recht als der beste Lektor westlich des Mississippi bezeichnet wird. Und Catalan Conlon, mit der ich seit Kindertagen befreundet bin und die nicht nur den gesamten Text in Sachen Verständlichkeit prüfte, sondern mir auch bei der Recherche half. Nicht zu vergessen meine Freundin Lavinia Spalding, Herausgeberin exzellenter Reisebände. Und Allyson Dickman, die ich schon bewunderte, als wir zusammen bei Rachael Rays Magazin arbeiteten.

Bei National Geographic Books schulde ich Deputy Editor Hilary Black besonderen Dank. Sie hatte die Idee zu diesem Buch und arbeitete unermüdlich an seiner Umsetzung. Außerdem Elisa Gibson, Moira Haney und Krista Rossow.

Nicht zu vergessen sind auch die Menschen, die mir als vagabundierender Autorin Unterschlupf gewährten: Meinen Patensöhnen Benjamin und Jacob Kaye, die mir nicht nur ihr Spielzimmer zum Schlafen und Schreiben überließen, sondern mich mit stündlicher Überprüfung meiner Fortschritte anspornten. Dank gebührt auch Rachael und Sammie Cooper, die mit mir geduldig brainstormten, als sich meine Rechercheunterlagen immer weiter in ihrem Haus breitmachten. Und Mbuso Mbata von der Rezeption im Hilton Durban. Wenn ich verzweifelt eine Internetverbindung brauchte, um ein Kapitel fertigstellen und abgeben zu können, brachte er mich in seinem besten Zimmer unter, einfach, weil er Bücher liebt und dachte, dass ich etwas Inspiration gebrauchen könnte.

Und inspiriert wurde ich – sowohl durch die Freundlichkeit von Fremden als auch meines Umfeldes. Doch die Güte meiner Freunde war einfach unfassbar. In diesem Sinne danke ich in zufälliger Reihenfolge Cheryl, David, Farley, Gady, Assaf, Julie, Jeff, Sammy, Scott, Ruby, Max, Pia, Marc, Luca, Noah, Andrew, Kirsten, Maria, Sally, David, Ilan, Hannah, Maya, Josh, Ronnie, Tammy, Reyna, Abie, Batsheva, Manu, Debbie, Sammy, Sonia, Abram, Ross, Rachel, Jenna, Elianna, Alison, Courtney, Jessie, Karen, Joel, Phoebe, Abs, Rich, Ellie, Nathan, Lisa, Tim, Linda, Alyse, Vic, Edan, Tal, Ayelet, Cliff , Jordan, Eytan, Layla, Laura, Nancy, Shana, Luis, Mari, Sofi , Eva, Mateo, Richard, Ralf, JD, Karen, Dan, Tom, Matt, Anat, Jenna, Jeryl, Suzanne, Barbara, Suzanne, Joe, Masha, Adam, Alan, Emma, Erin, Sean, Frank, Leyla, Lolita, Sue, Joyce, Marie Laure, Arabella, Anja, Sandra, Jill, Kylie, dem Rachael-Ray-Team und der ganzen Schwesternschaft der Schönheitsredakteurinnen.

Vor allem danke ich jedoch meiner Familie: meinen sensationell hingebungsvollen, unterstützenden, glücklichen und stolzen Eltern Billie und Boris, die mir seit meiner Geburt (und wahrscheinlich schon davor, da ich die längste Zeit während meines Aufenthalts im Uterus in Mittelamerika herumreiste) die Liebe zur Welt und ihren Bewohnern einflößten; meiner tía Marta, die sich um alles und jeden kümmert, und meiner Schwester Shaunie, meinem Schwager David, meinem Bruder Raphael und meiner Schwägerin Diana, die mich mit der größten, uneingeschränkt erfreulichen Inspirationsquelle in meinem Leben beschenkte: Sigal, Liana, Ethan, Alex und Jacob.

BILDNACHWEIS

Umschlag Vorderseite, PlusONE/Shutterstock; Umschlag Rückseite, Mike Toy/Petit St. Vincent Private Island Resort/National Geographic Unique Lodge of the World; Klappe rechts, Peter Ardito/Meredith Corporation; 1, mit freundlicher Genehmigung von Gritti Palace Hotel/Starwood; 2–3, mit freundlicher Genehmigung von The Kingdom of Bhutan; 4, Justin Reznick Photography/Getty Images; 6, SIME/eStock Photo; 7, Samoa Tourism/David Kirkland; 9, Lucas Vallecillos/VWPics/Redux; 10–11, Adam Zoltan/Getty Images; 12 (li.), Dagmar Schwelle/laif/Redux; 12 (Mitte re.), Krista Rossow; 12 (re.), mit freundlicher Genehmigung von Raffles Hotels & Resorts; 13, Julian Elliott Photography/Getty Images; 14–15, SIME/eStock Photo; 16, Huber/Sime/eStock Photo; 17, Hendrik Holler/LOOK-foto/Getty Images; 18 (li.), Sandra Jordan/TandemStock.com; 18 (Mitte re.), mit freundlicher Genehmigung von La Maison Arabe; 18 (re.), fafou/Getty Images; 19, Krista Rossow; 20–21, Karol Kozlowski/Getty Images; 22, mit freundlicher Genehmigung von Royal Mansour; 23, Dominique Charriau/Getty Images; 24–5, SL-Photography/Shutterstock; 26, Layne Kennedy/Getty Images; 27, Al Argueta/Alamy Stock Photo; 28 (li.), SIME/eStock Photo; 28 (Mitte re.), Sean Pavone/Getty Images; 28 (re.), Tetra Images/Getty Images; 29, Sean Pavone/Getty Images; 30–31, Luca Vaime/Alamy Stock Photo; 32, Krista Rossow; 33, mit freundlicher Genehmigung des The Ritz-Carlton, Kyoto; 34 (li.), Bill Hogan/Chicago Tribune/MCT/Getty Images; 34 (Mitte re.), freemixer/Getty Images; 34 (re.), DEA/P. Dalmasso/Getty Images; 35, Westend61/Getty Images; 36–37, Tyson Sadlo, Courtesy Belmond Hotel Splendido; 38, Maremagnum/Getty Images; 39, Stefano Amantini/Getty Images; 40–41, Laurie Chamberlain/Getty Images; 42, Christopher Futcher/Getty Images; 43, mit freundlicher Genehmigung des The St. Regis Princeville Resort; 44 (li.), SIME/eStock Photo; 44 (Mitte re.), Dukes Hotel; 44 (re.), mit freundlicher Genehmigung von The Langham, London; 45, SIME/eStock Photo; 46 (li.), Portra/Getty Images; 46 (Mitte re.), Gerald Haenel/laif/Redux; 46 (re.), Krista Rossow; 47, Monica Gumm/laif/Redux; 48–49, Krista Rossow; 50, SIME/eStock Photo; 51, mit freundlicher Genehmigung der Leeu Collection; 52–53, mauritius images/cgimanufaktur; 54, JTB Photo/Getty Images; 55, mit freundlicher Genehmigung von Longitude 131°; 56 (li.), SteveFrid/Getty Images; 56 (Mitte re.), StphaneLemire/Getty Images; 56 (re.), pominova/Getty Images; 57, Westend61/Getty Images; 58 (li.), mit freundlicher Genehmigung von Explora Atacama; 58 (Mitte re.), Joel Sartore/National Geographic Creative; 58 (re.), Westend61/Getty Images; 59, Alex Saberi/Getty Images; 60–61, Richard Nowitz/Getty Images; 62, Sara Winter/Getty Images; 63, Ben Pipe Photography/Getty Images; 64–65, mit freundlicher Genehmigung von Le Méridien Hotels & Resorts; 66–67, Jim Richardson/National Geographic Creative; 68, TravelCollection/Alamy Stock Photo; 69, Jim Richardson/National Geographic Creative; 70 (li.), Vasileios Economou/Getty Images; 70 (Mitte re.), Olgaorly/Getty Images; 70 (re.), javarman/Shutterstock; 71, marchello74/Getty Images; 72–73, AGF Srl/Alamy Stock Photo; 74, SIME/eStock Photo; 75, Dimitri Otis/Getty Images; 76–77, Kyslynskyy/Getty Images; 78, mit freundlicher Genehmigung von Volcanoes Safaris; 79, mit freundlicher Genehmigung von Volcanoes Safaris; 80–81, mit freundlicher Genehmigung von Fairmont Hotels & Resorts; 82, Cyril Ruoso/Minden Pictures/Getty Images; 83, Krista Rossow; 84 (li.), Lou Jones/Getty Images; 84 (Mitte re.), mit freundlicher Genehmigung der Rocco Forte Hotels; 84 (re.), romanevgenev/Getty Images; 85, yulenochekk/Getty Images; 86–87, 2630ben/Getty Images; 88, mit freundlicher Genehmigung von Tongabezi Lodge; 89, Krista Rossow; 90–91, von wildestanimal/Getty Images; 92, M. Gebicki/Getty Images; 93, Frans Lanting/National Geographic Creative; 94–95, Marko Stavric Photography/Getty Images; 96, tororo reaction/Shutterstock; 97, David Kirkland/Getty Images; 98 (li.), lawrencetfay/Getty Images; 98 (Mitte re.), mit freundlicher Genehmigung von White Barn Inn; 98 (re.), Robbie George/Getty Images; 99, DACowley/Getty Images; 100–101, EJ-J/Getty Images; 102, Hannele Lahti/National Geographic Creative; 103, Walter Bibikow/Getty Images; 104 (li.), Jad Davenport/National Geographic Creative; 104 (Mitte re.), gaborbasch/Getty Images; 104 (re.), mit freundlicher Genehmigung von &Beyond; 105, mit freundlicher Genehmigung von &Beyond; 106–107, Ron Erwin/Getty Images; 108, Alex Fradkin; 109, age fotostock/Alamy Stock Photo; 110–111, ronnybas/Shutterstock; 112, nobleIMAGES/Alamy Stock Photo; 113, Maremagnum/Getty Images; 114–115, Jon Arnold/Getty Images; 116, mit freundlicher Genehmigung von Chateau Eza; 117, Werner Dieterich/Getty Images; 118 (li.), silverjohn/Getty Images; 118 (Mitte re.), Ralf Brunner/laif/Redux; 118 (re.), mit freundlicher Genehmigung der Adriatic Luxury Hotels; 119, SIME/eStock Photo; 120–121, Christian Kober/Getty Images; 122, anshar/Shutterstock; 123, mit freund-licher Genehmigung der Adriatic Luxury Hotels; 124–125, Krzysztof Baranowski/Getty Images; 126, Ainara García Azpiazu/Getty Images; 127, Gonzalo Azumendi/laif/Redux; 128 (li.), Richard Cummins/Getty Images; 128 (Mitte re.), Cultura RM Exclusive/Matt Dutile/Getty Images; 128 (re.), dask side of pink/

Shutterstock; 129, Wolfgang Kaehler/Getty Images; 130–131, Andreas Hub/laif/Redux; 132, Oliver Hoffmann/Getty Images; 133, Franz Marc Frei/LOOK-foto/Getty Images; 134 (li.), John W Banagan/Getty Images; 134 (Mitte re.), mit freundlicher Genehmigung von Banyan Tree Hotels and Resorts; 134 (re.), toiletroom/Shutterstock; 135, Simon Montgomery/robertharding/Getty Images; 136–137, f11photo/Shutterstock; 138, mit freundlicher Genehmigung von Banyan Tree Hotels and Resorts; 139, mit freundlicher Genehmigung von Banyan Tree Hotels and Resorts; 140–141, Rudy Balasko/Shutterstock; 142 (li.), Fuse/Getty Images; 142 (Mitte re.), Baloncici/Getty Images; 142 (re.) Baloncici/Getty Images; 143, Grant Faint/Getty Images; 144–145, Aurora Photos/Alamy Stock Photo; 146, Kodiak Greenwood, courtesy of Post Ranch Inn; 147, Aurora Photos/Alamy Stock Photo; 148 (li.), Michael Melford/National Geographic Creative; 148 (Mitte re.), Modrow/laif/Redux; 148 (re.), Bartosz Hadyniak/Getty Images; 149, Roberto A. Sanchez/Getty Images; 150–151, Jan Skwara/Getty Images; 152, scorpp/Getty Images; 153, mit freundlicher Genehmigung von Taj Hotels Resorts and Palaces; 154–155, Vadim Petrakov/Shutterstock; 156, mit freundlicher Genehmigung von Isrotel Hotel Chain; 157, FedevPhoto/Getty Images; 158 (li.), Krista Rossow; 158 (Mitte re.), Krista Rossow; 158 (re.), Clay McLachlan/Getty Images; 159, Krista Rossow; 160–161, Huber/Sime/eStock Photo; 162, Krista Rossow; 163, Andrew Bain/Getty Images; 164–165, Cipa/Shutterstock; 166, mit freundlicher Genehmigung des Four Seasons Hotel Prague; 167, Jan Sagl/Anzenberger/Redux; 168–169, Volkova Natalia/Shutterstock; 170, Tim E White/Getty Images; 171, SIME/eStock Photo; 172–173, mit freundlicher Genehmigung von Castello di Casole – A Timbers Resort; 174, sorincolac/Getty Images; 175, Sofie Delauw/Getty Images; 176 (li.), mit freundlicher Genehmigung von COMO Hotels and Resorts; 176 (Mitte re.), narvikk/Getty Images; 176 (re.), Ira Block/National Geographic Creative; 177, Wes Walker/Getty Images; 178–189, mit freundlicher Genehmigung von COMO Hotels and Resorts; 180, narvikk/Getty Images; 181, narvikk/Getty Images; 182–183, Jan Miko/Shutterstock; 184, Cortyn/Shutter-stock; 185, Jonathan Smith/Getty Images; 186 (li.), Izabela Habur/Getty Images; 186 (Mitte re.), mit freundlicher Genehmigung von Inkaterra Hotels; 186 (re.), Bartosz Hadyniak/Getty Images; 187, traveler1116/Getty Images; 188–189, Yury Birukov/Shutterstock; 190, YinYang/Getty Images; 191, mit freundlicher Genehmigung von Inkaterra Hotels; 192 (li.), Rudy Balasko/Shutterstock; 192 (Mitte re.), James T. Murray/mit freundlicher Genehmigung von Gramercy Park Hotel; 192 (re.), Steve Prezant/Getty Images; 193, espiegle/Getty Images; 194–195, SIME/eStock Photo; 196, Jason Loucas/Qualia Resorts; 197, Emmanuel Valentin/Getty Images; 198–199, mauritius images/Prisma Bildagentur AG/Alamy; 200–201, mauritius images/robert-harding/Stuart Black; 202, Wild-Places/Getty Images; 203, mit freundlicher Genehmigung von Blanket Bay; 204 (li.), Palani Mohan/Getty Images; 204 (Mitte re.), ferrantraite/Getty Images; 204 (re.), Palani Mohan/Getty Images; 205, Peter Adams/Getty Images; 206–207, Michelle Chaplow, courtesy of Oberoi Hotels & Resorts; 208, Nikada/Getty Images; 209, Photo von Prasit Chansareekorn/Getty Images; 210 (li.), mit freundlicher Genehmigung von Badrutt's Palace Hotel; 210 (Mitte re.), mit freundlicher Genehmigung von Badrutt's Palace Hotel; 210 (re.), Prisma Bildagentur AG/Alamy Stock Photo; 211, Alessandro Colle/Shutterstock; 212 (li.), BlueOrange Studio/Shutterstock; 212 (Mitte re.), Paul Sutherland/National Geographic Creative; 212 (re.), AWL Images/Getty Images; 213, mit freundlicher Genehmigung von Jumeirah Hotels & Resorts; 214–215, brandtbolding/Getty Images; 216, BorisVetshev/Shutterstock; 217, Tony Anderson/Getty Images; 218–219, mauritius images/Dawna Moore/Alamy; 220, mit freundlicher Genehmigung von Fairmont Hotels & Resorts; 221, mit freundlicher Genehmigung von Fairmont Hotels & Resorts; 222–223, mit freundlicher Genehmigung von Cheval Blanc; 224, Richard I'Anson/Getty Images; 225, mit freundlicher Genehmigung von Cheval Blanc; 226–227, mit freundlicher Genehmigung von Jade Mountain; 228, Cultura RM Exclusive/Russ Rohde/Getty Images; 229, Nature Picture Library/Alamy Stock Photo; 230 (li.), Eurasia Press/Getty Images; 230 (Mitte re.), Martin Froyda/Shutterstock; 230 (re.), Juergen Sack/Getty Images; 231, Michael Thaler/Shutterstock; 232–233, Mark Titterton/Alamy Stock Photo; 234, Achim Thomae/Getty Images; 235, imageBROKER/Alamy Stock Photo; 236–237, sergwsqr/Getty Images; 238, Ignazio Sciacca/laif/Redux; 239, mit freundlicher Genehmigung von Aman; 240–241, Mon Corpuz Photo-graphy/Getty Images; 242, Kevin Miller/Getty Images; 243, mit freundlicher Genehmigung von The Sarojin; 244 (li.), luoman/Getty Images; 244 (Mitte re.), Buda Mendes/Getty Images; 244 (re.), mit freundlicher Genehmigung von Hotel Fasano Rio de Janeiro; 245, Nikada/Getty Images; 246–247, Kuznetsova.se/Shutterstock; 248, Ragnar Th. Sigurdsson/Getty Images; 249, Asaf Kliger/www.icehotel.com; 251, mit freundlicher Genehmigung von Southern Ocean Lodge/National Geographic Unique Lodge of the World. 255, Fotinia/Shutterstock;104: Text aus *Mozambique* von Bob Dylan. © 1975 by Ram's Horn Music; renewed 2003 by Ram's Horn Music. Abdruck mit freundlicher Genehmigung.

IMPRESSUM

Verantwortlich: Dorothea Sipilä
Übersetzung: Barbara Rusch
Redaktion und Satz: VerlagsService Dietmar Schmitz
Repro: LUDWIG:media
Umschlaggestaltung: Claudia Geffert
Herstellung: Barbara Uhlig
Printed by Florjancic in Slovenia

★★★★★

Sind Sie mit diesem Titel zufrieden? Dann würden wir uns über Ihre Weiterempfehlung freuen.
Erzählen Sie es im Freundeskreis, berichten Sie Ihrem Buchhändler, oder bewerten Sie bei Onlinekauf. Und wenn Sie Kritik, Korrekturen, Aktualisierungen haben, freuen wir uns über Ihre Nachricht an NG Buchverlag, Postfach 40 02 09, D-80702 München oder per E-Mail an info@nationalgeographic-buch.de.

Unser komplettes Programm finden Sie unter
www.nationalgeographic-buch.de

Die Deutsche Nationalbibliothek verzeichnet diese Publikation in der Deutschen Nationalbibliografie; detaillierte bibliografische Angaben sind im Internet über http://dnb.d-nb.de abrufbar.

Titel der englischen Originalausgabe:
The World's Most Romantic Destinations

Deutsche Ausgabe, veröffentlicht von
NG Buchverlag GmbH, München 2017,

Lizenznehmer von:
NATIONAL GEOGRAPHIC PARTNERS, LLC

ISBN 978–3–86690–546–7

Seit ihrer Gründung 1888 hat sich die National Geographic Society weltweit an mehr als 12 000 Expeditionen, Forschungs- und Schutzprojekten beteiligt. Die Gesellschaft erhält Fördermittel von National Geographic Partners LLC, unterstützt unter anderem durch Ihren Kauf. Ein Teil der Einnahmen dieses Buches hilft uns bei der lebenswichtigen Arbeit zur Bewahrung unserer Welt. Das legendäre NATIONAL GEOGRAPHIC-Magazin erscheint monatlich. Darin veröffentlichen namhafte Fotografen ihre Bilder und renommierte Autoren berichten aus nahezu allen Wissensgebieten der Welt. National Geographic im TV ist ein Premium Dokumentations-Sender, der ein informatives und unterhaltsames Programm rund um die Themen Wissenschaft, Technik, Geschichte und Weltkulturen bereithält. Falls Sie mehr über National Geographic wissen wollen, besuchen Sie unsere Website unter **www.nationalgeographic.de**.